緊迫する北朝鮮情勢を読む
長谷川慶太郎の守護霊メッセージ

大川隆法
Ryuho Okawa

まえがき

今も現役で国際情勢を分析しておられる長谷川慶太郎氏の守護霊メッセージを出すのは少し失礼かとも考えたが、緊迫する朝鮮半島情勢を見通すためには、一流の方の本心を伺うことも大切だと思い直し、あえて緊急出版することにした。

この小文を書いている四月十六日（火）の朝には、北朝鮮からのミサイル発射はまだ確認されていない。しかし、未明には、無警告攻撃を開始するという北側のメッセージが流れるとともに、なぜかボストンマラソンの最終ゴール付近でテロを思わせる爆発が起き死傷者を出した。ＣＮＮもＢＢＣも朝からそのニュースばかりを流している。オバマ大統領も緊急会見を始めたが、犯人の特定はまだできていない。北朝鮮かイスラム過激派か、オバマ氏も頭が痛いだろう。

ケリー国務長官が韓・中・日と会談し、北側と話し合い解決をはかろうとしている態度も、吉と出るか凶と出るか。なぜか、ケリー長官が来日する四月十四日(日)、安倍総理は硫黄島《いおうじま》に慰霊訪問して出迎えず、四月十五日(月)、ケリー氏の東工大講演の後、会談をしたが、天皇・皇后両陛下は、人生で初めての「私用」で同日、長野に向かい、一泊静養の後、十六日中に帰京されるという。ジャパン・パッシング(日本通過)して、韓中に先に訪問して日本を最後にしたケリー氏への不快感か、それとも昨日四月十五日(月)は金日成の記念日で、ケリー氏が日本に来るというので、ミサイルが東京を狙う危険性大とて、側近に避難させられたのか、真相は分からない。

ただ、二夜連続して、安倍総理の守護霊が私のところに来て、悩みをうったえておられるのは事実である。

とまれ、本書でまず、長谷川慶太郎氏の〝読み〟を勉強してもらうことが先決だろう。

二〇一三年　四月十六日

幸福《こうふく》の科学《かがく》グループ創始者兼総裁《そうししゃけんそうさい》　大川隆法《おおかわりゅうほう》

長谷川慶太郎の守護霊メッセージ　目次

長谷川慶太郎《はせがわけいたろう》の守護霊《しゅごれい》メッセージ
――緊迫《きんぱく》する北朝鮮《きたちょうせん》情勢を読む――

2　「金正恩《キムジョンウン》の描くシナリオ」を読む　32

「霊言現象《れいげん》」とは、あの世の霊存在の言葉を語り下ろす現象のことをいう。これは高度な悟《さと》りを開いた者に特有のものであり、「霊媒現象《れいばい》」（トランス状態になって意識を失い、霊が一方的にしゃべる現象）とは異なる。

また、人間の魂《たましい》は原則として六人のグループからなり、あの世に残っている「魂の兄弟」の一人が守護霊《しゅごれい》を務めている。つまり、守護霊は、実は自分自身の魂の一部である。したがって、「守護霊の霊言」とは、いわば本人の潜在《せんざい》意識にアクセスしたものであり、その内容は、その人が潜在意識で考えていること（本心）と考えてよい。

なお、「霊言」は、あくまでも霊人の意見であり、幸福の科学グループとしての見解と矛盾《むじゅん》する内容を含《ふく》む場合がある点、付記しておきたい。

長谷川慶太郎《はせがわけいたろう》の守護霊《しゅごれい》メッセージ

――緊迫《きんぱく》する北朝鮮《きたちょうせん》情勢を読む――

二〇一三年四月十一日　収録

東京都・幸福の科学　教祖殿《きょうそでん》　大悟館《たいごかん》にて

長谷川慶太郎《はせがわけいたろう》（一九二七～）

経済評論家、国際エコノミスト。京都府生まれ。大阪《おおさか》大学工学部冶金《やきん》学科卒業後、金属業界紙の記者や証券アナリスト等を経て経済評論家となる。「石油危機」の際、船舶《せんぱく》保険のデータからタンカーの運行状況《じょうきょう》をつかみ、「石油不足は起きない」と予測したことなどで知られている。一九七〇年代の末から数多くの著作を発表しており、長年、週一回、「長谷川慶太郎ニューズレター」も出し続けている。また、軍事評論家としての面も持ち、自衛隊幹部学校等での非常勤講師を三十年以上にわたって務めている。

質問者　※質問順

酒井太守《さかいたいしゅ》（幸福の科学宗務《しゅうむ》本部担当理事長特別補佐《ほさ》）

石川雅士《いしかわまさし》（幸福の科学宗務本部第一秘書局局長代理）

［役職は収録時点のもの］

1　長谷川氏の守護霊《しゅごれい》に「北朝鮮《きたちょうせん》情勢」を訊《き》く

「軍事評論家」の面も持つ国際エコノミスト

大川隆法　現在（二〇一三年四月十一日）、北朝鮮《きたちょうせん》情勢が緊迫《きんぱく》しています。

北朝鮮がミサイル発射の姿勢を見せているなかで、金正恩《キムジョンウン》第一書記が、平壌《ピョンヤン》にある各国の大使館に、「四月十日《とおか》以降は安全を保証できないので、大使館の人たちは平壌から退避《たいひ》するように」と〝おっしゃった〟ため、日本など関係各国が昨日《さくじつ》から厳戒《げんかい》態勢に入っているのです。

ただ、昨日《きのう》は、まだミサイルの発射はなく、今日も、午前中の時点では発射されていません。じらしているのか、フェイントをかけているのか、分からないような状態なので、私も、いろいろな活動が滞《とどこお》っており、困ってはいます。

ミサイルを撃《う》つのか撃たないのか、はっきりさせてくれるとよいのですが、「撃つか撃たないか分からない」「夜中に撃つかもしれない」などと言われており、今は、「神経戦」のようになっている状態です。

ミサイル発射の対象となる国々では、「どこに向けて、何発ぐらい撃つか」などということを分析《ぶんせき》し、それへの対応もしなくてはいけないわけですが、発射を待っているうちに、こちらのほうが〝発狂《はっきょう》〟するといけないので、今日は、とりあえず、全体についての分析をしておこうと考えています。

そこで、本日は、国際エコノミスト・長谷川慶太郎さんの守護霊《しゅごれい》を、お呼びしようと思っています。

有名な評論家の方（存命中は守護霊）を、すでに何人かお呼びしたので、長谷川さんの守護霊にも出ていただいてよいころではないかと思います（注。『日下公人《くさかきみんど》のスピリチュアル・メッセージ』〔幸福の科学出版刊〕、『幸福実現党に申し上げる――谷沢永一《たにざわえいいち》の霊言《れいげん》――』〔幸福実現党刊〕参照。また、渡部昇一《わたなべしょういち》氏や竹村健一《たけむらけんいち》氏の守護霊霊言もすでに収録済みである）。

実は、私には、かなり以前にも長谷川さんの守護霊との接触《せっしょく》があり、いろいろとお話をお聴《き》きしたことがあります。

長谷川さんは「国際エコノミスト」として知られていますが、「軍事評論家」としての面も持っておられるので、現在のような緊迫した情勢において、この方の意見は非常に貴重なのではないでしょうか。

北朝鮮情勢の今後について、いろいろとシミュレーションはあるでしょうが、全体について、私たちに分かるような話をしてくだされば、ありがたいと思います。

また、守護霊は、地上に生きている本人以上の認識を持っている可能性があるので、そういう話も聴けたら幸いだと思っています。

「遅咲《おそざ》き」の評論家・長谷川慶太郎氏の経歴

大川隆法　長谷川慶太郎さんは、昭和二年（一九二七年）生まれで、現在、八十五歳《さい》です。私の母より三歳も年上ですが、いまだに現役《げんえき》であり、さまざまな著書を発表し続けておられます。「これは、なかなか、できることではない」と思い、私は密《ひそ》かにご尊敬申し上げているのです。

この方は「遅咲《おそざ》き」であり、論壇《ろんだん》に出られたというか、評論家として活躍《かつやく》され始めたのは、比較《ひかく》的、晩年です。五十代になってから世に知られるようになったのです。

若いころには、証券専門の新聞で、「この会社の株は上がるか、下がるか」ということを判断しておられましたが、それが、今のようなエコノミストになる下地になっていると思われます。

大阪《おおさか》大学工学部冶金《やきん》学科出身で、金属や機械類にも強いため、特にメーカー等の株の分析が得意だったようです。最初は、そういう株式系のメディアに評論を書いておられ、その後《ご》、全体的な評論家へと変わっていかれました。私は、そのように記憶《きおく》しています。

非常に印象的だった、「関東平野は世界の心臓」という洞察《どうさつ》

大川隆法　私が最初に長谷川さんを認識したのは一九八〇年前後だったと思います。それは、私が幸福の科学の活動を始める、ほんの少し前のことであり、時期的には、それほど大きくずれてはいません。彼は著書を出し始めるのが遅かったのです。『世界が日本を見倣《みなら》う日』（一九八三年刊）で、長谷川さんは石橋湛山賞《いしばしたんざん》を受賞したのですが、それを読んだとき、「この人は普通《ふつう》の人とは違《ちが》う」という印象を受けたことを私は覚えています。

さらに、別の本では、関東平野について書かれている部分が、特に記憶に残って

います。

「日本には、関東平野という広大な平野があり、そこに、三、四千万の人口が密集していて、道路が四方八方《しほうはっぽう》に通《とお》っている。しかも、関東には東京湾《わん》があり、東京港と横浜《よこはま》港という大きな港が二つもあって、ここが海外からの輸入の大きな玄関《げんかん》口になっている。

世界中を見渡してみても、物流に関し、これだけ大きな入り口を持っている首都は、めったにない。首都とその背後に極《きわ》めて大きな平野があり、多くの人口も存在するのは、まれに見る幸運であり、こういう立地であれば、成功せざるをえない」

そのようなことが書いてあり、「関東平野は世界の心臓」という意見を述べておられたことが非常に印象的だったのです。

そのころか、それよりもあとだったか、よく覚えてはいませんが、「東京に首都機能が集中しすぎていて危ないから、日本各地に首都機能を移そう」という、いわゆる遷都《せんと》論が幾《いく》つも出てき始めました。

例えば、「歴史上、日本の首都は西から東へ移ってきたから、次は東北だ。福島のあたりがよいのではないか」という意見も出てきましたし、幸福の科学も、「宇《う》都宮《つのみや》あたりは、どうだろうか」と思い、試《ため》しに総合本部機能を宇都宮に移転してみたこともあります（注。現在、総合本部は東京にあり、宇都宮には当会の総本山の一部が置かれている）。

そのような遷都論もかなり出てきてはいたのですが、すでに述べたように、私は、長谷川さんの著書で、関東平野が「世界の心臓」と言ってもよい位置づけであることを読んでいたため、「東京は、そう簡単に手放してはいけない場所である」とも考えていました。

彼は、「確かに『首都機能』と『商業の中心としての機能』を分ける方法もある。実際、アメリカでは、ニューヨークが商業など経済の中心で、ワシントンが政治の中心になっている。しかし、それでは、やはり不便だ」と書いていました。

イギリスから独立した当初には、沿岸部のニューヨークに首都を置くと、まだ首都をイギリスに攻《せ》められるおそれがあったため、アメリカは内陸部のワシントンに首都を置いたのでしょう。

長谷川さんは、さらに、「ニューヨークの中心であるマンハッタン島は、東京で言えば、一つの区ぐらいの広さでしかなく、『ニューヨークは繁栄《はんえい》している』と言っても、そんな小さな所での繁栄にすぎない。一方、関東には、すごい力がある。ここだけでヨーロッパの大国一つの国家経済に匹敵《ひってき》するのだ」というようなことも書いていたと思います。

このへんの記述が、とても印象的でした。

論客《ろんかく》たちを絶句させた、軍事的知識に基《もと》づく発言

大川隆法　もう一つ、強く印象に残っていることがあります。

一九八〇年代の終わりごろから、テレビ朝日において、「サンデープロジェクト」という番組が、田原総一朗《たはらそういちろう》氏の司会で始まったのですが、その番組では、あるとき、評論家たちが集まって、軍事情勢の分析をしていました。

そのときのテーマが、ロシアだったか、ソ連だったたか、あるいは中国だったたか、もう忘れてしまいましたが、いずれにしろ、論客《ろんかく》が集まって議論していたのです。それに長谷川慶太郎さんも参加しておられたのですが、長谷川さんが、あることを発言したあと、ほかの人たちは、みな、黙《だま》り込《こ》んでしまいました。テレビ番組では、あってはならないことでしょうが、一瞬《いっしゅん》、「沈黙《ちんもく》」が番組を支配したのです。

司会の田原総一朗氏も絶句し、黙ってしまったのを見て、私は、長谷川さんにつ

いて、「この人は、すごいな」と思ったことを覚えています。長谷川さんが、軍事的な知識に基《もと》づく判断を述べたあと、ほかの人たちは、みな、黙ってしまったのです。

そのときには、確か、「どこかの国が日本を占領《せんりょう》したら、どうなるか」というようなことをシミュレーションしており、参加者は、それぞれ、いろいろなことを述べていました。

そのなかで、長谷川さんは、「日本は日本海などの海に囲まれています。このことの意味をよく知らなくてはいけません。これは、軍隊では、二十個師団に相当するのです。だから、日本を占領できるかどうかは、輸送船をどれだけ持っているかを見なければなりません。ところで、必要となる二十個師団程度の軍隊を輸送するためには、どれだけの艦船《かんせん》が要《い》るか、みなさんは分かっているのですか」というようなことを言い出されたのです。

それを聴くと、田原氏以下、誰《だれ》もが絶句してしまいました。そういう状況《じょうきょう》になるのは番組としては失敗でしょうが、長谷川さんの発言は、ほかの人たちを黙らせてしまったのです。

その様子を見て、私は、「軍事知識を持たないと、国際情勢の分析はできない」と感じました。そして、個人的に軍事の勉強も始めたのです。

宗教家にしては珍《めずら》しく、私は軍事のこともよく述べていますが、世界経済や外交などの国際政治を分析するに当たって、軍事のところが分からないと、まったく的《まと》外れなことを言う可能性があります。それが、学者の発言があまり当たらない理由です。武器の性能や兵力など、軍事的なことが分からなければ、国際情勢について、何も言えないのです。

また、長谷川さんは、湾岸戦争の際、「短期間で終わる」と予測し、的中させました。当時、「イラク軍は百万人に近い地上軍を持っているので、いくらアメリカ軍であっても、万単位の兵力にて砂漠《さばく》で戦ったら、それほど簡単に勝てるわけがない」

などと言う人が大勢いましたし、「イラク軍が砂漠に穴を掘《ほ》って隠《かく》れていれば、アメリカ軍には分からない」というようなことを言う人たちもいました。

しかし、長谷川さんは、兵器の性能の違い等から計算して、「どのくらいの期間で終わるか」ということを言い当てたのです。しかも、確か、開戦時期まで当てたと思います。

そういうこともあって、私には長谷川さんの影響《えいきょう》を少し受けた覚えがあるのです。

「軍事情勢の判断」は非常に難しい

大川隆法　ただ、ときには長谷川さんの予想が大きく外れることもあります。

彼は、いわゆる株屋さんのように予想を大胆《だいたん》に述べます。そして、分析の際の前提条件が合っていれば、結果は彼の予想どおりになります。しかし、前提条件のなかに欠けているものがあった場合には、どうしても結果が変わることがあるのです。

そのため、彼の予想には当たり外れがあります。しかし、たとえ彼の予想が外れても、長谷川慶太郎ファンは、「前提条件が合ってさえいれば、答えは、そうなるのだ」と考え、彼から離《はな》れません。その意味で、長谷川さんは不思議な方ではあります。

例えば、昔、自民党の副総裁を務めた金丸信《かねまるしん》氏が脱税《だつぜい》容疑で逮捕《たいほ》された、「金丸事件」というものがありましたが、長谷川さんは、当初、金丸氏が逮捕されるとは思っていなかったようです。それは、彼が、金丸氏と個人的に会い、情報を取ったりしていたことと関係があるかもしれません。

彼は、毎週発行されている「長谷川慶太郎ニューズレター」に、「金丸の巴投《ともえな》げが一本決まった！」などと書いておられたと思いますが、そのあと金丸氏は逮捕されたのです。

そのように、大きな読み違いが生じることもありました。

また、今、問題となっている北朝鮮についても、長谷川さんは、一九九〇年代の後半から、「飢饉《ききん》が続いていて食糧《しょくりょう》危機なので、国が崩壊《ほうかい》する」と何度も何度も言っておられるのですが、北朝鮮は、いまだに崩壊せず、現在まで生き延び、「どうやら核《かく》武装を完成させたらしい」という状況に至っています。

彼は、食糧問題から、そう分析したのでしょうが、何か読み違いがあったのだと思います。おそらく、中国から密《ひそ》かに食糧支援《しえん》等があった部分を、計算できなかったのかもしれません。

ただ、長谷川さんは、軍事情勢については、よくご存じだと思うので、今の北朝鮮情勢についても、日本を代表するエコノミストおよび軍事アナリストとして、ご意見をお持ちなのではないかと思います。

いずれにせよ、軍事的な事柄《ことがら》の判断を間違え、消えていく評論家は多いので、「軍事情勢の判断」は、とても難しいことだと言えます。

当会は、今年の二月十四日に、エドガー・ケイシー霊のリーディング（霊査《れいさ》）による、「北朝鮮の未来透視《とうし》」を行いましたが、その結果、「夏ごろには朝鮮半島で戦争が始まるだろう」という予想が生じました。

そこで、その内容を本にして二月中に発刊し（『北朝鮮の未来透視に挑戦《ちょうせん》する』〔幸福の科学出版刊〕参照）、新聞に広告も出しました。

ところが、そのあと、ある週刊誌に、それを揶揄《やゆ》する記事が出ました。「幸福の科学の本の広告が新聞に出すぎる」「大新聞が、『北朝鮮と韓国《かんこく》の間で戦争が始まるかもしれない』と言っている本の広告を載《の》せている」というようなことを書かれたのです。

しかし、その本が出て二カ月たった現時点（二〇一三年四月）では、その本の内容を、「間違っている」とは言えないはずです。もう、いつ戦争が起きてもおかしくない状況になってきています。日本のマスコミには二カ月先のことが読めないのでしょう。

前置きは以上です。

長谷川慶太郎氏の守護霊を招霊《しょうれい》する

大川隆法　私の考えと同じかどうか分かりませんが、今日は、長谷川さんの守護霊をお呼びし、お話を聴いてみたいと思います。

現時点で、まだ北朝鮮のミサイルは発射されていません。発射後には、また違うことを話されるかもしれないので、追加の収録が必要かもしれませんが、本日は、なるべく、全般《ぜんぱん》的なことについて、ご意見をお聴きしたいと考えています。

（合掌《がっしょう》し、瞑目《めいもく》する）

では、国際エコノミストにして、軍事評論家でもある、長谷川慶太郎さんの守護霊をお呼びしたいと思います。

国際エコノミストにして、軍事評論家でもある、長谷川慶太郎さんの守護霊よ。

どうか、幸福の科学　教祖殿《きょうそでん》　大悟館《たいごかん》にご降臨くださり、われらに、今の緊迫せる北朝鮮情勢や今後の中国情勢に関し、世界的見地からのご判断をお聴かせください。

また、日本のあるべき姿等についても、ご意見をお述べくだされば、心より幸いに存じます。

長谷川慶太郎さんの守護霊よ。

どうか、われらにお導きをお与《あた》えください。

（約十五秒間の沈黙）

2 「金正恩《キムジョンウン》の描くシナリオ」を読む

「本職の予言者」に意見を言うのはおそれ多い

長谷川慶太郎守護霊　ああっ……、まあ、こんなところに呼ばれるのは、ちょっとねえ……。もう、ほとんど同業じゃない？　ええ？

酒井　同業でございますか（笑）。

長谷川慶太郎守護霊　同業じゃない？　同業者のところに出るというのは、まずいんじゃない？　ええ？

酒井　そうですか。

長谷川慶太郎守護霊　まあ、自分の「ニューズレター」で発表していることと、ここで私が言ったことが違《ちが》ったら、どうするんだ？　え？

酒井　「霊的《れいてき》な認識」と「三次元的な認識」が違うのは当然かと思います。

長谷川慶太郎守護霊　こちらは霊能者じゃないからなあ。守護霊と本人の考えが完全に一致《いっち》してるかどうか、それは分からんけども……。もし、〝長谷川慶太郎の意見〟が二分したりしたら、どうするんだ!?

酒井　それはそれで、霊的実証になりますので（笑）。
では、まず、守護霊様のほうから、今回の動きについて……。

長谷川慶太郎守護霊　あのねえ、大川先生のことは、私だって尊敬しているのよ。だから、こんな恐《おそ》ろしいところで意見を言わされるのはかなわんなあ……。

酒井　すでに、さまざまな評論家の方も出てくださっています。

長谷川慶太郎守護霊　ああ。いや、ここは、最強のライバルですから。

酒井　「最強の」ですか（笑）。

長谷川慶太郎守護霊　これは困るね。本職だからさあ。もう、本職の予言者だから、まずいよねえ。

酒井　大川総裁とは別に、私たち幸福の科学や、世の中に対して、メッセージということで、お願いできれば……。

長谷川慶太郎守護霊　うーん……、いや、これ、どんな感じになるのかなあ。でも、私の株が上がるんだか、下がるんだか、予想が立たない。上がるかなあ、下がるかなあ。これは難しいところだなあ。

酒井　（笑）

中国は「周辺国を脅《おど》すチンピラ役」で北朝鮮《きたちょうせん》を使っている

酒井　今日は、短期的な「当たる、当たらない」という話よりも、全体的な話をお訊《き》きしたいと思っております。「明日、ミサイルが発射されるか」といった話だと、すぐに結論が出てしまいますので、そういうことはお訊きしません。

長谷川慶太郎守護霊　いや、明日だと、あんたらがこれを出すのも限界だからねえ。本なんか、絶対、間に合わないし、映像をかけるのも間に合わないから、これ、下手したら、ただ働きになるんだろう?

酒井　いやいや、もう少し長期的なところについて、お訊きしたいと思います。

長谷川慶太郎守護霊　まあ、時刻をはっきりしておこうな。今は、四月十一日の午後二時になろうとしてるところやな?

酒井　そうです。はい。

長谷川慶太郎守護霊　この段階での意見やからな。

酒井　はい。北朝鮮《きたちょうせん》の動きに関しては、まだまだ、山の中のほうも見えていません し、マスコミもまったく読めていません。日本政府も、アメリカも、韓国《かんこく》も、十分に分からないでいます。

このなかで、今、金正恩《キムジョンウン》は、いったいどんなシナリオを描いているのでしょうか。もし、よろしければ、このあたりのことからお願いします。

長谷川慶太郎守護霊　彼は、「ミステリアス・マン」なんて言われててさ。こういうタイプの人間って、ちょっと理解不能なので、「末期のヒトラーみたいな感じになっとるんじゃないか」と、みんな、思ってるだろう？　欧米圏《おうべいけん》の人たちは、だいたい、そんな感じだ。

一方、日本人は、考える力がないので、何にも思うとらん。ただ受け身で、ミサイルが飛んでくるかどうかを待ってるだけだ。これが日本人やな。

ただ、中国人にとっては複雑だな。まあ、友好国でもあるから、完全に潰《つぶ》されるのも困るだろう。適度に周りの国を脅《おど》す役としてはいいのよね。中国は、この北朝鮮という国を、そういうチンピラ役に使ってるのよ。

チンピラ役で、ちょっと脅したりするのにはいいんだけど、本気でプロレスラーに喧嘩《けんか》を挑《いど》むようなことをするんだったら、自分のほうにも被害《ひがい》が来る。それが嫌《いや》だからね。

まあ、中国は、今、複雑な気持ちだ。習近平《しゅうきんぺい》の指導力が疑われるような感じにもなってきてるからさ。いや、これは、習近平に指導力があるかどうかの試金石だよなあ。まあ、そんな感じだ。

周囲の意表を突《つ》いて「頭のよさ」を証明したい金正恩《キムジョンウン》

長谷川慶太郎守護霊　まあ、金正恩《キムジョンウン》が、自分の頭がいいところを証明しようとしてるのは、たぶん間違いない。「頭がいいことを証明しよう」と思っとるから、みんながら予想を立てると、それを外そうとするタイプだと思う。

酒井　そんな感じはしますね。

長谷川慶太郎守護霊　間違いなく、そうだと思う。だから、何か、「こういうふうにさせたい」ということがあれば、そうじゃないことばかりを一生懸命《いっしょうけんめい》に言うと、そっちをするタイプではあるね。

だから、「みんなの意表を突《つ》いて、賢《かしこ》いところを見せたい」と思ってるし、何と言うか、自分の実力を証明したがってる、「若手の三代目社長」っていう感じ？

酒井　なるほど。

長谷川慶太郎守護霊　従業員から軽く見られんように、「おお、さすがですねえ」

（拍手《はくしゅ》するしぐさをする）って言わせようとしている。まあ、諸葛孔明《しょかつこうめい》みたいに切れるところを見せたい気分かな。そんなところだ。

「条件交渉《こうしょう》による決着」になったら金正恩《キムジョンウン》の勝ち

酒井　今、「ミサイルを発射する、しない」というような状況《じょうきょう》になっていますが、このあと、彼は、いったい何を、どう持っていきたいのでしょうか。

エドガー・ケイシー霊のリーディング（前掲《ぜんけい》『北朝鮮の未来透視《とうし》に挑戦《ちょうせん》する』第1部参照）によると、彼の狙《ねら》いとして、「朝鮮半島の統一を考えている」ということが言われているのですが、彼には、そこまで持っていくシナリオがあると思われますか。

長谷川慶太郎守護霊　いや、あると思うよ、うん。

その前に、北朝鮮は、「オバマ政権は弱腰《よわごし》だ」と見て、一生懸命、脅迫《きょうはく》していますけどね。もし、アメリカがこの脅迫に屈《くっ》して、攻撃《こうげき》できなかった場合、つまり、「攻撃しないで話し合いをしよう」とか、「いろいろな条件交渉《こうしょう》で決着をつけよう」とかいう方向に行った場合には、（金正恩《キムジョンウン》の）勝ちなんだよ。

酒井　ああ……。

長谷川慶太郎守護霊　うん、うん。彼の立場から見たら、勝ちなんだよ。それはどういうことかというと、「（アメリカが）『北朝鮮は核《かく》兵器を完成させた大国である』と認めた」ということなんだ。この場合、結論的には、そうなるわけね。

酒井　はい。

長谷川慶太郎守護霊　そのように認めたら、どうなるか。韓国は核兵器を持ってませんから、「韓国の生命線は北朝鮮が握《にぎ》った」ということになるわけだ。つまり、「いつでも滅《ほろ》ぼすことはできる」ということになるね。

だから、あの朴《パク》将軍（朴正熙《チョンヒ》・元韓国大統領）の娘《むすめ》さん（朴槿恵《クネ》・現韓国大統領）な。もう、早くも、「食糧援助《しょくりょうえんじょ》をする」とか、何とか、北朝鮮に譲歩《じょうほ》するための妥協案《だきょうあん》を考え始めているんだけども、まあ、これも計算済みだと思うよ。

だから、アメリカが自重したら、彼ら（北朝鮮）の勝ちだと思う。

朴《パク》大統領の「休戦したい」という本音は北朝鮮《きたちょうせん》に読まれている

酒井　そうしますと、ケイシー・リーディングによれば、「第二次朝鮮《ちょうせん》戦争」らしきものが勃発《ぼっぱつ》するような話もありましたが、「アメリカの動きを見ながら、そこまで持っていく可能性は高い」ということですか。

長谷川慶太郎守護霊　いや、あると思う。だけども、韓国の女性大統領の朴《パク》さんが、「本気で全面戦争をしたくない」と思ってるのは間違いない。絶対にしたくないはずだ。被害が大きくなるからね。局地戦というか、部分的な戦闘《せんとう》は覚悟《かくご》してるだろうけど、「全面戦争まではしたくない」と思ってるだろうし、北朝鮮消滅《しょうめつ》のシナリオまでは考えていない。

それほど考えが強くないので、たぶん、「どこかで妥協ラインを引いて、何とか、また休戦状態に持っていこう」と考えてるだろう。向こうは、ここまで読んでると思う。

「花火一発」でも戦闘《せんとう》の引き金になる可能性あり

酒井　実は、先ほど述べたリーディングは、「北朝鮮が挑発を重ねて、韓国のほうから攻撃が始まるのではないか」という内容でもあったのですが、これについてはいかがでしょうか。

長谷川慶太郎守護霊　戦争の現場というのは、だいたい「神経戦」だからね。「撃《う》つぞ、撃つぞ」と言われて、ジーッと待ってるうちに発狂《はっきょう》していって、もう、カラスが飛んだだけでもミサイルに見えてくるからねえ。ババババッと鳥が飛び立ったものを、「ああ、来た！　夜襲《やしゅう》だあ！」と、誰《だれ》かバンバンと撃ったら、急に始まる。三十八度線を何かが飛んだら、そらあ、花火が飛んでも始まる可能性がありますよ。打ち上げ花火一発打ってもね。

酒井　そうですね。

「臆病《おくびょう》な日本」を脅《おど》して在日米軍を撤退《てったい》させたい北朝鮮《きたちょうせん》

酒井　これは、どこまで長持ちするかは分かりません。いつぐらいに始まると想定されますか。

長谷川慶太郎守護霊　うーん……。まあ、そうだねえ、アメリカは、民主党政権で、(北朝鮮《きたちょうせん》にとっては)若干《じゃっかん》、幸いしているんだとは思う。

オバマさんの「ドローン作戦」、つまり、無人飛行機で攻撃する作戦は、ちょっと有名になりすぎたので、もう警戒《けいかい》しているから、うーん……。あんなに知られてなければやっただろうけど、オサマ・ビン・ラディンの映画まで公開してねえ(映画「ゼロ・ダーク・サーティ」、二〇一二年末公開)、アルカイダ系の人たちを偵察《ていさつ》したり攻撃したりするのを、アフリカでもやってるから、それをいちおう警戒している。だから、もう、アメリカ側からは、そう簡単には暗殺しにくい。中からはできるけど、アメリカ側からは、しにくい状態にはあると思う。

石川　先月末、アメリカのB2ステルス爆撃機《ばくげきき》が米韓の合同訓練に参加しました。あれは、北朝鮮に対する威嚇《いかく》だと思うのですが……。

長谷川慶太郎守護霊　ああ、うん。今回のは、それに対する反応だよね。

石川　アメリカは、あれで北朝鮮を脅《おど》して、ある程度、おとなしくさせようとしたのかと思いますが、それがうまく機能していない理由は何でしょうか。

長谷川慶太郎守護霊　いや。機能してるんじゃない？　機能してるんだよ。つまり、（アメリカが）B2を飛ばして、「爆撃するぞ」って意思表示したから、（北朝鮮は）「アメリカのグアムだって攻撃するぞ」「沖縄《おきなわ》も攻撃するぞ」「日本にある米軍基地を攻撃するぞ」と威嚇してるわけだ。

彼らは、「日本人は臆病《おくびょう》だ」と見てるからな。日本を脅せば、「自分たちが攻撃されるから、米軍はもう撤退《てったい》してくれ」というほうへ流れが行くだろうと思ってる。彼らも、そのへんの情報は持ってるからね。沖縄から横須賀《よこすか》から、もう全部、米軍基地が日本から出ていってくれて、アメリカ本土まで帰ってくれれば、彼らにとっては、いちばんいいからね。

だから、「日本人を動揺《どうよう》させるには、今がチャンスだ」と見てる。「せっかくだから、ここで脅すだけ脅しといたほうがいい」とね。「米軍基地がある限り、日本も攻撃される可能性がある」みたいな心理戦に持っていこうとしてるのは間違いない。それは間違いなくある。

ケリー米国務長官の極東来訪は〝手打ち〟のチャンス

酒井　時期は別として、今回、ミサイルの発射はありうるのでしょうか。グアムや在日米軍基地、あるいは、韓国など……。

長谷川慶太郎守護霊　もし、すぐに発射しないようでしたら、条件交渉が目的だと見ていいでしょうな。

酒井　条件交渉ですか。それは、アメリカとのですか。

長谷川慶太郎守護霊　「どこが（条件を）出してくるか」「どこがまず折れてくるか」を見ている。

酒井　なるほど。日米韓の三国のどこが……。

長谷川慶太郎守護霊　アメリカが出すか、日本が出すか、韓国が出すか、中国が出すか、だろうけどね。どこが条件交渉に入ってくるか。

アメリカの〝あれ〟が、明日ぐらい来るんじゃないの？　アメリカの、あの……。

酒井　はい。ケリー国務長官ですか。

長谷川慶太郎守護霊　ええ。ケリーさんが、明日ぐらいに来るんだろう?

酒井　はい。十二日から来訪予定ですね。

長谷川慶太郎守護霊　韓国・中国・日本と回るんやろう?　これは、まあ、一つのチャンスではあるわね。

北朝鮮も、滅びることが目的ではないんでね。だから、いかに周りを怖《こわ》がらせて、早く手打ちをするかだ。

もし、ヤクザにからまれたら、普通《ふつう》、金でも出すでしょう?　相手がヤクザで、「もしかして、拳銃《けんじゅう》かナイフかを持ってるかもしらん」と考えたら、「戦ったら勝てるかもしらん」とは思うても、「まあ、今日はええか。家に帰りゃ、金はあるから」と思って、やっぱり財布《さいふ》を渡《わた》すだろう?

これを狙ってるのは間違いない。半分はね。半分はここだと思う。

酒井　なるほど。

長谷川慶太郎守護霊　だって、ミサイルを撃ったら、撃っただけ損をするのは分かってるからね。この前（二〇一二年十二月）みたいな、「〝人工衛星〟と称《しょう》する弾道《だんどう》ミサイルを一本撃てば、一年分の食糧費になる」っていうぐらいだからねえ。

「交渉《こうしょう》の余地あり」と読んでいる金正恩《キムジョンウン》

酒井　ただ、「それでも、撃つ可能性はある」ということでしょうか。

長谷川慶太郎守護霊　うん、そう。だから、周りは出方を考えて、一生懸命、自重してるんでしょう？　「ミサイルが来たら、PAC《パック》－3《スリー》（地対空誘導《ゆうどう》ミサイル）で迎撃《げいげき》する」っていうようなことで、（日本は）もう完全に受け身じゃないですか。

酒井　はい。

長谷川慶太郎守護霊　ね？　そうでしょ？

アメリカのほうも、「自国および同盟国が攻撃されるようであれば反撃する」みたいな感じで、いちおう受け身でしょう？

これが強気で、「先制攻撃する」みたいなことを言うようであったら、もう戦闘《せんとう》モードで、本当にやるだろうけど、「受け身である」ということは、「まだ交渉《こうしょう》の余地があることを意味している」というふうに読んでるわけね。

長谷川氏守護霊が金正恩《キムジョンウン》なら、どこにミサイルを撃《う》つか

酒井　金正恩《キムジョンウン》の立場に立ってみた場合、どこにミサイルを撃《う》ち込《こ》むのがいちばんよ

いと思われますか。

長谷川慶太郎守護霊　そうですねえ。「私が金正恩だったらどうするか」ということだけども、（金正恩は）まず、大使館を脅しましたね。まあ、今のところ、（各国の大使館は平壌《ピョンヤン》から）退《ひ》いてないようですけど、脅しに屈したら、心理戦だけで動いちゃうからね。だから、それが狙いだろう。

（北朝鮮は）圧倒《あっとう》的な軍事力を持ってるわけではないので、彼らだって、本気で戦えば敗れるのは知ってる。やっぱり、条件闘争で勝つことを狙ってるのは分かっているから、恐怖心《きょうふしん》を狙ってくるだろう。

だから、韓国の政治家、日本の政治家、アメリカの政治家、それに中国の政治家もいますけど、私が金正恩なら、彼らの力量を見極《みきわ》めて、「いちばん効果的な手は何だろうか」ということを考えるわね。

でも、見る限りは、あの韓国の女性大統領を揺《ゆ》さぶるのが、やっぱり、いちばん効果的ですよねえ。

酒井　もし、長谷川先生が金正恩なら、スカッドミサイルあたりを使って韓国を狙いますか。

長谷川慶太郎守護霊　まずですね、本番までやると、ちょっと〝あれ〟なので、「いきなり核ミサイル」っていうわけにはいかんと思うんですよ。それを撃ったら、もったいないないからね。

酒井　はい。核はまだ搭載《とうさい》していないと思いますが。

長谷川慶太郎守護霊　それから、いきなりアメリカを攻撃するのも、やっぱり損をする可能性が高いですよね。

だから、まず、短距離《きょり》ミサイルで韓国を震《ふる》え上がらせるのが、いちばん効果的やねえ。

酒井　「それが最も効果的である」ということですね。

目標都市のライン上にミサイルを飛ばせば、日本は震《ふる》え上がる

長谷川慶太郎守護霊　次は、日本を震《ふる》え上がらせるのが効果的ですよねえ。

酒井　それは、「日本の本土に撃ち込む」ということですか。

長谷川慶太郎守護霊　いや、それはねえ、当たらなくても、別に構わない。

酒井　「とりあえず飛ばす」と？

長谷川慶太郎守護霊　日本を狙えるところを見せればいいわけでしょう？　だから、その目標地の手前であろうと、飛び越《こ》そうとも、どちらでもいいけども、（ミサイルが飛ぶ）そのライン上に、狙っている都市が入るようであれば、そこは狙えることを意味するでしょう？

酒井　そうですね。

長谷川慶太郎守護霊　それが全然違う方向へ向いてたら駄目《だめ》やけど、線を引けば、東京なり、大阪《おおさか》なり、横浜《よこはま》なり、名古屋なり、京都なり、その上を通る方向に撃つことができれば、そこが狙えることを意味するからね。

酒井　なるほど。

3 「中国」はどう動くのか

北朝鮮《きたちょうせん》有事に備えて動き始めた中国・瀋陽《しんよう》軍区

酒井　先ほどの話の流れのなかで、「中国はどう出るか」というお話もありましたが、「中国と北朝鮮《きたちょうせん》は一枚岩ではない」とお考えでしょうか。

長谷川慶太郎守護霊　うーん。まあ、習近平《しゅうきんぺい》が軍部を完全に握《にぎ》れているかどうかについては、やっぱり疑問があるのでね。

酒井　疑問があると？　それは、特に瀋陽《しんよう》軍区のことでしょうか。

長谷川慶太郎守護霊　そうそう。瀋陽軍区のところが、ちょっと独立の気配を持っているのでね。

だから、この前（二〇一三年二月十二日）、北朝鮮が三回目の核《かく》実験をやったときもそうやけど、瀋陽軍区のほうは承認をしていたと思われる。

それから、まあ、習近平のマター（事案）ではないかもしらんけれども、「ロックオン事件」（二〇一三年一月三十日）があったでしょう？

酒井　はい。ございましたね。

長谷川慶太郎守護霊　中国海軍による、日本の海上自衛隊の護衛艦《ごえいかん》へのロックオン事件があったね。嘘《うそ》か本当かは分からないが、あれを上の指導部は「知らなかった」とシラを切ってたけど、軍部独自でやれる部分がどのくらいあるかは、ちょっと分からない。現実に知らなかった可能性もあるとは思うけどね。まあ、そういうシナリオも、あることはある。

酒井　そうしますと、「中国の習近平体制と瀋陽軍区、プラス北朝鮮」という関係で考えたほうがよろしいですか。

長谷川慶太郎守護霊　中国だって、いちおうソウルには中国大使館があるからね。やっぱり、「うちに撃《う》ち込《こ》まんでくれや」って言うてはいますからね（笑）。腕《うで》が悪いと、もう、どこをやられるか分からないですから、「それは勘弁《かんべん》してくれ」とは言ってます。

ただ、軍のほうに、ちょっと動きがある。北朝鮮有事に備える動きが、ちょっと出てはいるようだね。

例えば、「いきなり、米軍の海兵隊が上陸する」というようなことだって、「ない」とは言えないじゃないですか。「最初、（北朝鮮が）都市部にバババババーッとスカッドを撃ち込んだあとに、（米軍の）海兵隊が上陸する」っていうのも、当然ありえるシナリオですよねえ。

そのときに備えて、いちおう、瀋陽軍区あたりが鴨緑江《おうりょくこう》の近くで少し動きを見せてはいるので、場合によってはなだれ込んでくる可能性がある。つまり、北朝鮮を（米軍に）占領《せんりょう》させたくなければ、中国軍が北朝鮮になだれ込む。なだれ込んだら、アメリカが攻撃《こうげき》できなくなる。そのときには、中国との戦争の可能性まで判断しなきゃいけなくなるのでね。

酒井　そうですね。

長谷川慶太郎守護霊　オバマさんが、即《そく》、「中国との戦争も辞《じ》さず」と、（キューバ危機のときの）ケネディぐらいの強さを出せるかどうかっていう問題だわね。

酒井　そうなると、かつての朝鮮戦争の再現になってきますね。

長谷川慶太郎守護霊　そうなりますねえ。うん。

「北朝鮮《きたちょうせん》・中国包囲網《ほういもう》」に習近平《しゅうきんぺい》はどう対抗《たいこう》するか

酒井　先ほど述べたケイシー・リーディングによりますと、「習近平《しゅうきんぺい》は、北朝鮮《きたちょうせん》を、アメリカや日本の出方を知るための実験台として使う」とのことでしたが。

長谷川慶太郎守護霊　うん、それもあるし、今は、「瀋陽軍区は習近平の指導下にないのではないか」っていう噂《うわさ》を流してるんだけども、これだって、そういうふうに使う可能性はあるわけでね。

酒井　ああ……。

長谷川慶太郎守護霊　つまり、「一部の軍部だけが、ちょっと独走してしまった」という言い方で、中国本体のほうは、アメリカ、その他、ヨーロッパとの取引や貿易は続けられるような体制にしておく。そして、いざというときには、「あそこの軍の指導者が勝手に判断してやった」というようなことにすると、そいつだけ処刑《しょけい》すれば済むだろう？　いちおう、そこまで考えてると思う。

酒井　うーん、なるほど。もしかしたら、習近平が全部のシナリオをつくっている可能性もあるのでしょうか。

長谷川慶太郎守護霊　まあ、ないことはないねえ。だけど、あの若者（金正恩《キムジョンウン》）に対しては、やっぱり、ちょっと危《あや》うさを感じているとは思うね。

今、だんだん、「北朝鮮と中国の包囲網《ほういもう》がつくられつつある」ということは、習近平も知ってます。この前は、アメリカのヒラリーさんも、そういうふうに動いてたし、今は安倍《あべ》さんが、一生懸命《いっしょうけんめい》、積極的に動いてますから、習近平も、「資源外交」でアフリカまで行って、交渉《こうしょう》したりしてますね。

これを見ると、包囲網をつくられかかっているわけで、「（中国と北朝鮮の）二つを一緒《いっしょ》にくくられてしまうと、ちょっと困るなあ」っていうのはあるだろう。

それと、アメリカの弱点として、「イランと北朝鮮の二つに暴《あば》れられるのはたまらん」っていうところはあるからねえ。

酒井　それは、当然やってきますよね？

長谷川慶太郎守護霊　当然、それはけしかけとるはずですね。あっち（中国）は、（イランを）けしかけてると思います。

4　安倍《あべ》政権のなすべき課題

開戦したら、即《そく》、「憲法九十六条改正案」が出されるだろう

酒井　話を、もう一歩、進めさせていただきます。
もし、朝鮮《ちょうせん》半島で南北の戦いが勃発《ぼっぱつ》した場合、アメリカの出方もさることながら、まずは、日本の安倍《あべ》政権が、今から準備しておかなくてはいけないこととは何でしょうか。

長谷川慶太郎守護霊　まあ、安倍さん独自で、どこまでやれるかは分からん。だけど、従来の日本の伝統的な政権だったら、「援助《えんじょ》額と援助物資を、どのくらいにして手を打つか」っていうのを考え始めてるはずです。

安倍さんは、どうかは分からないけども、通常の自民党政権だったら、今ごろは、「このあたりの援助を申し出ることで手を打つ」っていう落としどころを計算してるはずですね。

酒井　第二次朝鮮戦争が起きた場合、日本には、どのような問題が生じるとお考えですか。

長谷川慶太郎守護霊　安倍さんは、たぶん、憲法九十六条改正案を、即《そく》、出すと思いますね。マスコミから批判されずに通る可能性があるチャンスではあるので、もし、開戦したら、即、九十六条改正案を上げると、私は思います。

まあ、それでも、ちょっと手続きが要《い》りますし、同時に、何か有事立法をつくらないと動けないことは動けないと思うので、たぶん、韓国《かんこく》在留の邦人《ほうじん》および同盟国であるアメリカ市民等を保護するための法案みたいなものを、一日で通そうとすると思う。

いちおう憲法改正案は出すけど、すぐにはまとまらないので、それを出しながら、同時に、何らかの緊急《きんきゅう》法案を出すと思いますね。

できれば、アメリカが攻撃《こうげき》したときのバックアップができるような、いわゆる集団的自衛権にかなり近い案も出すでしょう。「わが国にも直接被害《ひがい》の及《およ》ぶような案件に関しては、集団的自衛権は、当然、憲法の想定するところだ」っていうような感じの法案を通しちゃう。法律だけだったら通せるので、そのへんあたりはダダーッと出すと思いますね。

北朝鮮《きたちょうせん》をめぐる「アメリカと中国の思惑《おもわく》」

酒井　長谷川先生としては、それは必須《ひっす》であるとお考えですか。

長谷川慶太郎守護霊　出すでしょうね。安倍さんは、出すと思います。憲法改正案と両方、出してくると思います。

酒井　長谷川先生の意見としては、どうでしょうか。

長谷川慶太郎守護霊　えっ？　何？

酒井　日本を守るために、それは、やらなければいけない課題であるわけですね。

長谷川慶太郎守護霊　うーん。これは難しいですけどね。アメリカ自身、少なくとも表向きは、韓国や日本の核《かく》武装を望んでないからね。中国を説得するのに、それを使ってる。

「北朝鮮《きたちょうせん》を放置すれば、韓国や日本が核武装をするぞ」って脅《おど》して、中国に北朝鮮をなだめさせようとしてるわけだからね。

まあ、アメリカには、「まだ、六カ国協議が有効だ」と信じてる節《ふし》があるけど、北朝鮮は、（核ミサイルを）毎年つくれるからね。

酒井　そうですね。

長谷川慶太郎守護霊　核大国を名乗って、つくり始め、毎年、十本、二十本とためていき、「すでに、核ミサイルを百本持ってる」とか言い出したら、日本まで硬直《こうちょく》状態になるわな。

韓国だけじゃないわ。韓国は逃《に》げようがないけど、日本だって、PAC《パック》－3《スリー》では、もう無理ですよ。撃《う》ち落とせるわけありませんので、この前のとおり、お手上げ状態になると思う。

相手は、裏をかく専門家みたいな人ですから、安倍さんが熟睡《じゅくすい》してる時間に当てて、撃ってくる可能性がありますよ。

だから、毎年毎年、（核ミサイルを）完成させて、それを許してたら、毎年毎年、状況《じょうきょう》は不利になっていくわね。

中国には、今、ちょっと問題があるけども、その間、もし、中国の経済大国化が進んでいき、さらに軍事大国化が進んでいって、アメリカと完全に拮抗《きっこう》する勢力になったとしたら、今、ちょっと強がってる北朝鮮が、（中国の）先鋒《せんぽう》として攻《せ》めてくるようなかたちになるわねえ。

その流れのなかに、中国の台湾施策《たいわんしさく》や韓国施策もあって、中国は、「台湾や韓国だって自分らの傘下《さんか》に収めたいし、日本だって取りたいし、フィリピンだって、ベトナムだって、全部、傘下に収めたい」と思ってるから、うまくすれば、北朝鮮は、もっともっと上手に使えるわね。

酒井　なるほど。

長谷川慶太郎守護霊　このへんは、碁《ご》や将棋《しょうぎ》の読み合いなんかと、ほとんど一緒《いっしょ》だね。

安倍《あべ》政権は「第二次朝鮮《ちょうせん》戦争」に十分な対応ができるのか

酒井　朝鮮《ちょうせん》戦争が勃発した場合、安倍《あべ》首相は、この問題を解決して、乗り切れるでしょうか。

長谷川慶太郎守護霊　朝鮮戦争だけの場合なら、日本は、何もしないでも、いられないことはないからねえ。

酒井　そうですか。しかし、邦人の救出があるでしょうし、あるいは、難民が逃《のが》れてくることも考えられます。

長谷川慶太郎守護霊　まあ、逃げてくるやつの対策は要りますけど……。

酒井　国内でのテロ等も予想されるのではないでしょうか。

長谷川慶太郎守護霊　逃げてくるボートピープルを救うぐらいやったら、海上保安庁等でできなくはありません。そんなところに中国船が来て、かき回したりしたら、すごいことになるけども、台湾と漁業協定で手を打ち、大幅《おおはば》に譲歩《じょうほ》するかたちで、台湾も尖閣《せんかく》諸島周辺で一緒にマグロを獲《と》れるようにしてやったのを見れば、そのへんのボートピープルまでは想定していると思いますね（注。二〇一三年四月十日、日本と台湾は、「日台民間漁業取り決め（協定）」に調印し、日本は、尖閣諸島周辺海域での台湾の漁船操業を許容した）。

つまり、台湾と中国に組まれたら、たまらないので、分断に入ったんだと思うのね。だから、いちおう、台湾と韓国が、中国の傘下に置かれることを恐怖《きょうふ》しているのは分かりますねえ。

酒井　そうしますと、「今の自民党政権には、朝鮮戦争に対して十分に対応力がある」と考えてよろしいのでしょうか。

長谷川慶太郎守護霊　まあ、「十分に」っていうのが、どこまでか……。北朝鮮が、核大国として、核を実戦配備し、「いつでも撃てる。韓国も、日本も、アメリカも撃てる」と、国際的に認められるところまで持っていくとしたら、考え方は大きく変わるわなあ。

オバマの大統領再選は、日本にとって不幸だった?

長谷川慶太郎守護霊　それこそ、「この前(の大統領選で)、オバマさんが勝つべきでなかった」という結論になっちゃうね。日本と一緒で、政権交代しといたほうがよかったことになるわねえ。

ああいう、「ゲイでも構わん」「移民も構わん」「何でも構わん」「何でもオッケー」っていう人の場合、倫理観《りんり》が薄《うす》くなっているので、「もう、北も南も変わらん」と言い出したら、それで終わりだ。

酒井　そうですね。

長谷川慶太郎守護霊　うん。「『レッドステイト（共和党が強い州）』アンド『ブルーステイト（民主党が強い州）』は、全部一緒だ」みたいな感じで、「朝鮮人は朝鮮人だ。北も南も一緒だ」って言い出したら、もう終わりだよ。

でも、あの〝口〟でなら、言いかねないからねえ。

この前のアメリカ大統領選挙は僅差《きんさ》だったけど、日本にとっては、やや不幸ではあったかなあ。

酒井　なるほど。

長谷川慶太郎守護霊　あと、「閣僚《かくりょう》に、どの程度の強さがあるのか」という問題はありますし、ケネディの娘《むすめ》（キャロライン・ケネディ氏）が日本大使にやってくるみたいだけど、強硬なことを言うかどうかは知りません。

でも、日本は、根本的にマスコミが変わらないのでねえ。ここが問題なんですよ。さすがに北朝鮮の攻撃を「諒《りょう》」とするところはないんだけど、それはそれとして、「日本の軍国主義化とか、原子力の推進系とかには反対」というマスコミは、現実に存在するからねえ。

朝鮮《ちょうせん》有事の際に「戦争特需《とくじゅ》」が起きるのは中国か

酒井　以前、ケインズが、霊言《れいげん》のなかで、「朝鮮《ちょうせん》戦争が起きた場合、戦争特需《とくじゅ》が起きるだろう」と言っておられました（『もしケインズなら日本経済をどうするか』〔幸福実現党刊〕参照）。

長谷川慶太郎守護霊　まあ、前に起きたからって、今度も起きるとは限らないですけどね。

酒井　ただ、その場合、韓国では、石油等も不足するでしょうから、エネルギー供給の問題が発生すると思われます。

あるいは、軍事兵器ではないにしても、日本からの工業系の支援は、かなり必要になってくるのではないでしょうか。

長谷川慶太郎守護霊　まあ、韓国も、去年、竹島《たけしま》問題で日本との関係が悪化してるから、日本人の韓国支持率が、すごく落ちてる。

また、向こうにもプライドがあるし、日本大使館の前に従軍慰安婦《じゅうぐんいあんふ》の碑《ひ》を建てたりして、だいぶ意地悪をしてるから、お願いするにもしづらいよな。あれは、自分から板挟《いたばさ》みになってるよ。

それに、中国との貿易額のほうが大きくなってるから、中国のほうに助けを求める可能性はあるので、日本に特需が起きるかどうか。

まあ、持っていき方次第《しだい》ではあるけれども、あるいは、経済の落ち込《こ》んでいる中国のほうに特需が起きる可能性もないわけではない。

「日本経済への大きな影響《えいきょう》はない」との予測

酒井　韓国経済自体については、どう予想されますか。

長谷川慶太郎守護霊　戦争が近づいてることで、すでに落ち込みに入ってるわねえ。観光客が減り始めたり、あるいは、株価が下がったり、いろんなものが……。

酒井　ただ、サムスン等、非常に強い会社もありますけれども。

長谷川慶太郎守護霊　やっぱり、ミサイルを撃ち込まれたら、経済の状態は普通《ふつう》ではなくなるだろうねえ。

酒井　それが原因で、日本から投資家が退《ひ》いていくなどして、日本経済が落ち込むことはないのでしょうか。

長谷川慶太郎守護霊　うーん……、韓国（GDP〔国内総生産〕）は、世界十五位ぐらいかねえ。今は、その程度のもんなので、そんなに大きな影響《えいきょう》はないとは思う。

酒井　アベノミクス路線に障害が生じることが想定されますけれども、それについてはいかがでしょうか。

長谷川慶太郎守護霊　まあ、アベノミクス自体、円安誘導してますので、韓国や中国の経済を苦しめる効果はあるんですよ。

つまり、彼らが輸出で金を稼《かせ》ごうとするのを阻《はば》む効果はあるので、中国も、経済が十パーセントぐらいダウンしてきてますよね。「人民元《げん》」や「ウォン」が輸出で儲《もう》けてた部分が、かなり阻まれつつはあるので、これ（円安誘導）も、一つの経済ブロックだとは思うんだけどねえ。

その意味では、ありうべからざる〝二回目の登板〟ではあるけれども、いちおう、日本としては、時と場合において、「最適の人」を選んだんだろうと思うんだよ。

幸福実現党が躍進《やくしん》するための条件とは

長谷川慶太郎守護霊　まあ、これで駄目《だめ》だったら、幸福実現党さんが大躍進《だいやくしん》なされるはずです。はい。

酒井　そうですか。

長谷川慶太郎守護霊　ほかには、もうないですわ。あの「大阪維新《おおさかいしん》」（日本維新の会）では救えない。無理ですね。できるのは、憲法改正案に賛成票を入れるぐらいのことで、彼らでは救えないでしょうなあ。

酒井　長谷川先生は、幸福実現党に関して、どうお考えですか。

長谷川慶太郎守護霊　いや、わしは年だから、晩節を汚《けが》すような予言は言いたくはない。

酒井　（笑）

長谷川慶太郎守護霊　君らの天下が来るまでは、さすがに生きてないんじゃないか。百歳《さい》で、まだ現役《げんえき》でやってる場合も、まあ、ないとは言えんが……。

酒井　そうですか。

長谷川慶太郎守護霊　今のところ、マスコミも意地悪やったわな。

それに、安倍さんの登場に当たっての君らの活躍には、報道しなきゃいけないところはあったと思うけど、マスコミは良心的ではなかった。良心的ではなくて、「彼らが考える"良識的な考え"でやってる」ということやな。

彼らの良識っていうのは、だいたい十年は遅《おく》れるもんだからね。まあ、「宗教が権力に手を出すべきではない」とか、「（現実の）敵よりも宗教のほうが怖《こわ》い」とか思うようなところがあるわけで、このへんを変えさせなあかんねえ。

5 北朝鮮《きたちょうせん》を平和裡《へいわり》に自壊《じかい》させるには

北朝鮮《きたちょうせん》が中国に〝乗っかっている〟という現実

石川　長谷川先生は、以前、「北朝鮮《きたちょうせん》は、戦争するまでもなく崩壊《ほうかい》する」というお話をされていました。

長谷川慶太郎守護霊　いや。潰《つぶ》れないといかん国なのよ。

石川　朝鮮戦争は起きるのかもしれませんけれども、できるだけ平和裡《へいわり》に北朝鮮を自壊させていくほうが望ましいとは思います。

そのために日本ができることとして、どのようなことがあるのでしょうか。

長谷川慶太郎守護霊　向こうが要求するのは、「経済制裁の解除」が一つでしょうね。

金が集まらんようになってますから、「経済制裁の解除」と、それから、〝人道的な〟と日本政府は付けると思うけども、「〝人道的な〟面からの援助《えんじょ》」ですよね。政府を援助するんじゃなくて、〝人道的な〟援助を人民に対してするっていう……。

石川　ただ、本当に北朝鮮が中国の瀋陽《しんよう》軍区とつながっていたら、完全な経済封鎖《ふうさ》は事実上不可能だと思います。

長谷川慶太郎守護霊　現実には、できないですよね。中国に乗っかってるわけだから。それで、中国へ交渉《こうしょう》に行くんでしょう?

軍部による独走（中国）と、マスコミによる迷走《めいそう》（日本）

長谷川慶太郎守護霊　また、中国っていうところが、分かりにくい国なんでねえ。あれは、三国志の時代と変わらないのよ。あの国は、統一国家じゃなくて、いつもバラバラなんです。

だから、意見が全部通ると思ったら、大間違《おおまちが》いですね。けっこう単独で動きますよ。

石川　そういえば、以前、長谷川先生のご著書で、次のような内容を読みました。

「二〇一一年当時、アメリカのゲーツ国防長官が胡錦濤《こきんとう》国家主席との会談のために中国を訪問した際、彼は、中国のテレビで、ステルス戦闘機《せんとうき》『殲《せん》―20』のフライト実験の実況中継《じっきょうちゅうけい》を観《み》た。

ゲーツ国防長官が、会談のなかで、この話題を持ち出したところ、胡錦濤国家主席は、『そんなことは、私は知らない』と答えた。

そこで、アメリカは、『中国は、軍を把握《はあく》できていないのではないか。中国の崩壊は近いかもしれない』と考え、第七艦隊《かんたい》を空母二隻《せき》体制に増強した」

このようなことが書かれていたと思いますが、このあたりについては、いかがでしょうか。


長谷川慶太郎守護霊　いやあ、本当に把握してなかったんでないかね。そういうところはあると思いますねえ。

やっぱり、軍は、どこも一緒《いっしょ》やけど、秘密を守る性質は持っているのでね。自分で歩いて、首を突《つ》っ込《こ》んでいかないと情報が取れないのは、一緒なんですよ。

表向きは、いい報告しか上がらないのが普通《ふつう》なんで、「軍部の独走はない」とは言えないね。

ただ、中国は、今、経済の問題で頭が痛い。ヨーロッパへの輸出が非常に落ち込んでるからね。これで、アメリカと一戦を交えるところまで行ってしまうと、かなりの崩壊が予想されるから、それは止めたいんだろう。だから、いかに舌先三寸《したさきさんずん》で交渉するかの問題だわな。

いちおう、（中国は）「双方代理《そうほう》」だと思うよ。北朝鮮の代理もしているし、アメリカやヨーロッパとも貿易が続けられるような役割も演じている。両方やると思いますね。

でも、去年からの出来事で、日本も、かなり、いらついてきてはいる。本当ならその日本が、「核《かく》武装するぞ」と言って脅《おど》すべきなんだけども、あれだけ、核に対するマイナス情報を垂れ流し、向こうが、「ミサイルを撃《う》つ」とか言ってるときに、「原発の汚染《おせん》水が海に流れ出したら、漁業に影響《えいきょう》が出るかも分からん」みたいなことを、まだワアワア言うとる。このマスコミは、〝五寸釘《くぎ》〟を頭に打ち込まないと駄目《だめ》なレベルですね。

「日本のエネルギー問題」に対する明るい見通し

酒井　日本の工業が、これから多少なりとも復活し、工業生産が増えてきたら、エネルギー問題は、かなり大きなテーマになってくると思います。

やはり、どう考えても、原子力発電が必要になるのではないでしょうか。

長谷川慶太郎守護霊　まあ、今は、メタンハイドレートとかも研究はしてるようだけど、やっぱり費用がかかりすぎるんでね。可能性は、だいぶあるみたいなんだけどね。

「尖閣《せんかく》周辺には、海底油田とかもある」と言われてるけど、あんなにたくさんの（中国）漁船に来られたら、掘《ほ》れないもんねえ。

酒井　そうですね。

長谷川慶太郎守護霊　いや、安全にしないと、かっぱらわれたら（盗《ぬす》まれたら）、終わりだからねえ。安全でないもんなあ。

酒井　ええ。エネルギー問題がネックになって、日本経済は発展しないのではないかとも思われますし……。

長谷川慶太郎守護霊　ただ、アメリカでは、シェールオイルやシェールガスが出て、今、「シェール革命」が起きてるし、ロシアからの天然ガス等の貿易も、かなり増える見込《みこ》みがある。そのへんのエネルギー革命が起きて、アメリカやロシアのほうから買うっていうことであれば、リスクはかなり減るのでね。

要するに、「中東から輸入しなきゃいけない」っていうリスク自体は減るので、日本の工業には、それほどマイナスが出ない可能性はあるな。

日本が「長期的な国家戦略」を立てられない理由

石川　長谷川先生は、「これからの日本では、重厚長大分野が重要ではないか」とおっしゃっていますし、日本の経済が強くなっていくことは、北朝鮮に対する抑止《よくし》力《りょく》としても大事だと思います。

軍事産業等も該当《がいとう》するのかもしれませんけれども、日本にとって、何か具体的な成長戦略がございましたら、教えていただけないでしょうか。

長谷川慶太郎守護霊　うーん……。これは、安倍《あべ》さんの守護霊に訊《き》いたほうがええかもしらん。考えてることは、おありだろうから、あちらに訊いたほうが……。

酒井　安倍さんの考えは、別途《べっと》、おありかと思いますが、長谷川先生の考えとして、「こうすべきではないか」というご意見を頂きたいのです。

長谷川慶太郎守護霊　うーん……。日本は〝ガラス張り〟なので、すぐ、漏《も》れるからねえ。だから、長期的な、深遠なる国家戦略が立てられないんですよ。

一年ごとに全部ばれてしまうので、中国のように、「十年間、引っ張る」ということができないし、マスコミが叩《たた》き始めると、（政治家は）すぐ落とされてしまって、通らなくなるんでねえ。

はたして「金正恩《キムジョンウン》の本音」とは

石川　北朝鮮の脅しは、韓国《かんこく》には経済的悪影響を与《あた》えていますし、朴《パク》大統領にもプレッシャーとなっているように見えますが、今のところ、日本にまで及《およ》んではいません。

このように、日本の経済がしっかりしていると、中国も北朝鮮も、なかなか正面切って手を出しにくいと思うのですが……。

長谷川慶太郎守護霊　基本的に、振《ふ》り込め詐欺《さぎ》の仲間みたいなもんだと思うよ。「撃つぞ、撃つぞ」と言って、金と食糧《しょくりょう》をもぎ取ろうとしてる感じ？　だいたい、その仲間だと思う。

何か脅迫《きょうはく》実績を残せば十分なんだ。

石川　今、「ムスダン」という中距離弾道《きょりだんどう》ミサイルを撃とうとしているようですが、「同時に、『ノドン』（準中距離弾道ミサイル）や『スカッド』（短距離弾道ミサイル）も撃って韓国と日本を脅し、物とかお金とかを引き出したい」というのが、金《キム》正恩《ジョンウン》の本音なのでしょうか。

長谷川慶太郎守護霊　いや、金正恩も、全面戦争をして、すぐ死にたくはないだろう。それほどバカではないと思う。

だから、「自分（への処遇《しょぐう》）を、サダム・フセインや、アルカイダのリーダー、オサマ・ビン・ラディンみたいにはしない」というような裏保証を求めるやろねえ。それは求めると思うんですよ。

やっぱり、「『身柄《みがら》の安全を保証し、攻撃《こうげき》もしない』という約束をした上で、示談《じだん》交渉に持ち込みたい」というのが、本当のところでしょうねえ。

「核《かく》大国になった」という共同幻想《げんそう》を抱《いだ》いている北朝鮮《きたちょうせん》国民

石川　北朝鮮《きたちょうせん》の国民は、金正恩を恐《おそ》れているとは思うのですが、朝鮮戦争の生々しい記憶《きおく》のせいで、アメリカの空襲《くうしゅう》に対する恐怖心《きょうふしん》も非常に強いようです。

実際のところ、北朝鮮国民は、どこまで金正恩を支持しているのでしょうか。

長谷川慶太郎守護霊　国民は、完全に情報統制されているので、「自由にものは言えない」と思ってます。

ただ、「中国が見放すんだったら困る」っていう気持ちはあると思うんです。

中国が、友好国として北朝鮮を見放さずに外護《げご》する感じであれば、最後は、食糧であろうが武器であろうが調達《ちょうたつ》は可能だし、向こうも日米安保《あんぽ》と同じような状態にあるわけなので、「北朝鮮がアメリカと戦争するなら、中国も自動参戦する」ということになっています。だから、それが有効であるならば、彼らはそんなに心配はしてないだろうと思う。

まあ、今、（北朝鮮は）「ものすごい核《かく》大国になって、一人前になったんだ。これで、諸外国も、わが国を襲《おそ》うことはできなくなった。生意気にもアジアまで来て威張《いば》っとるアメリカに、一喝《いっかつ》を食らわしてやる」っていう共同幻想《げんそう》を抱《いだ》いてる。かつてサダム・フセインがしていた強気な発言に、よく似たような感じではあろうかと思う。

だから、これは、もう、アメリカの指導者の性格によるわなあ。つまり、「オバマ氏が、二重性をどこまで持ってるか」っていう「読み」だな。

6 「二十一世紀はデフレ基調」というのは本当か

「戦争の世紀は終わった」という大前提が崩《くず》れつつある

酒井　では、私から最後の質問をしたいのですが、長谷川先生は、「二十一世紀には、もう大きな戦争は起こらないから、今後、経済はデフレ基調だ」という……。

長谷川慶太郎守護霊　まあ、それはだいぶ言うとったが……。だから、もう、どっ外《ぱず》れというか、ちょっと……。

酒井　（笑）

長谷川慶太郎守護霊　それも、ある意味で外れてきつつあるんで……。いやあ、「超《ちょう》大国アメリカ一国体制が百年は続く」と、だいたい読んでたのに、中国が異様な速度で追いかけてきたし……。

酒井　異様な速度で情勢が変わってきましたので……。

長谷川慶太郎守護霊　そうなんだよ。

酒井　そのへんのお考えの変化について、教えていただければ幸いです。

長谷川慶太郎守護霊　つまり、中国が追いかけてきたのと、さらにインドが追いかけてきてるんですよ。だから、下手をしたら、アメリカが中国とインドの両方に抜《ぬ》かれる可能性も出てきたので、「スーパーパワー一国で、平和主義」と思ってたのが、あっという間に変わってきたよねえ。

酒井　ええ。もともと、長谷川先生の大前提である、「もう、戦争の世紀は終わった」という、この……。

長谷川慶太郎守護霊　だからねえ、もし、それが外れるんやったら、われわれの世代の人は、みんな引退しないといけないんだよ。私だとか、岡崎《おかざき》さん（岡崎久彦《ひさひこ》氏）だとかさあ、あのへんの世代は、もう、みんな引退しないと……。

酒井　まあ、それは別としても、今、現実的に、どうお考えでしょうか。

長谷川慶太郎守護霊　いやあ、大川先生がどう考えてるか、ちょっと訊《き》いてくれよ。

酒井　（笑）それは……。

長谷川慶太郎守護霊　訊いてくれないかなあ。

酒井　実は、そこが、いちばん長谷川先生に訊きたいところなんです。

長谷川慶太郎守護霊　本職はそっちなんやからさあ。ええ？　私は予言者じゃないんだからさあ。評論家なの！

「日本の復活」と「中国やインドの発展」でインフレ基調も

酒井　要するに、「世界の長期トレンドとして、デフレ基調なのか、それともインフレ基調になるのか」ということについてお訊きしたいのです。

長谷川慶太郎守護霊　うーん……。今、それは、新聞がまだ戦ってるところやからねえ。アベノミクスをやっても、収入のない人たちは、当然ながら生活は苦しくなるものね。要するに、無職で収入がないんだから、給料が上がるはずもない。だから、「物価が上がって苦しくなる」みたいなことが、先に出る。もう、早くもワアワア言い始めてるだろう？

それから、次は、「日本国債《こくさい》が紙くずになるぞ」って、外国から脅《おど》しをかけている。あれも意図を持ってるからね。「そうやって脅しといて、なんか、また悪さをしよう」という意図を持ってるからねえ。

まあ、これからの読みは、やはり八十五歳《さい》では、もう本当に難しいから、めったなことを言わんほうがいいかもしれない。「全部、長谷川の反対を張ったら勝つ」なんて言われ始めたら、もう現役《げんえき》を引退しないといかんから……。

酒井　ただ、今のお話を聴《き》くと、やはり、「戦争は、まだ、これからも起きそうだ」

というお考えなのでしょうか。

長谷川慶太郎守護霊　うーん。まあ、理性的にはねえ……。

要するに、核《かく》兵器を撃《う》つんだったら、ソ連との冷戦のときにだって撃てたわけだからね。そのときも撃たなかったし、朝鮮《ちょうせん》戦争のときにだって、原爆《げんばく》を落としたかったマッカーサーを、トルーマンが解任したぐらいですからね。日本に落としたあと、落とせなかったぐらいなんです。

あのときから、これだけ平和な時代が長く続いたのを見れば、あるいは、冷戦の終結による「平和の配当」があったのを見れば、「今回も実戦を交えずに終わらせていくことが、世界にとっては利益が大きい」というように考えるのは、まあ、大国の指導者の考えではあろうと思う。

酒井　ええ。それはそうですね。

長谷川慶太郎守護霊　だから、すぐに怒《おこ》って威嚇《いかく》して、チャンチャンやるのは、小国の小人物の考えだとは思うねえ。

だけど、うーん……、今、すっごく難しいねえ。もし、あんたがたが言うように、日本が再度復活し、さらに、中国が発展し、インドが発展するようなことがあったら、これは、デフレ基調で済むかどうかは分からないですね。

「世界の人口が増えていくのに伴《ともな》って、彼らを豊かにしていく運動が、地球上の全体に波及《はきゅう》していく」というように考えるならば、インフレ基調になってもおかしくはないですよね。

酒井　それは、「戦争以外の大量消費が起きる」ということですね。

「朝鮮特需《ちょうせんとくじゅ》のようなものが起きる」とは思わないほうがいい

長谷川慶太郎守護霊　うーん、そうだね。

酒井　「大量生産、大量消費が起きる」と。

長谷川慶太郎守護霊　つまり、戦争が起きないことによって、「平和の配当」で、デフレが起きる。戦争は基本的にインフレ要因なんですよ。

戦争をすると、大量消費が起きるために、物が不足して、インフレが起きる。戦争はインフレ要因だから、「戦争はない」と読めば、デフレ基調は動かないんですけどもね。

まあ、おたくは、「朝鮮《ちょうせん》戦争をやっても、あまり、そう大きなものにはならないんじゃないか」という予言をしているようだけど……。

酒井　そうですね。

長谷川慶太郎守護霊　それだと、そんなに極端《きょくたん》なインフレ要因にはならないから、朝鮮特需《とくじゅ》みたいなものが、もう一回あるようには思わんほうがいいよ。「傾《かたむ》いた日本のメーカーが全部息を吹《ふ》き返して、もう、龍《りゅう》が火を吹くみたいになる」というのは……。

酒井　（笑）

長谷川慶太郎守護霊　ちょっと、それは甘《あま》いかもしらん。今、調達先《ちょうたつ》はいくらでもあるからね。日本の高い製品を買わんでも、もっと安いのがいっぱいあって、ほかから買えるのでね。

「ここ数年で中国がどうなるか」は、幸福の科学次第《しだい》だ

長谷川慶太郎守護霊　いやあ、これからは、「数名の指導者」が、地球の運命を握《にぎ》るねえ。

石川　中国は、結論的には分裂《ぶんれつ》していくでしょうか。それとも、習近平《しゅうきんぺい》の下《もと》で覇権《はけん》国家を目指していくのでしょうか。ここ数年の読みとしては、いかがですか。

長谷川慶太郎守護霊　まあ、幸福の科学次第《しだい》なんじゃないかね。あんたがたが発展し続けて、その発展速度が中国の経済成長を超《こ》えた場合、中国が危機に陥《おちい》る可能性は高いね。

あなたがたの発展が止まった場合、あるいは、デフレ基調になった場合、中国は、わが物顔で、二十一世紀を闊歩《かっぽ》し始めるんじゃないかなあ。

酒井 「われわれにかかっている」ということですね。

長谷川慶太郎守護霊 なんか、映画でさあ、救世主が十字架《じゅうじか》に架かって殺されて、復活したりするのをやったけど（映画「神秘の法」〔二〇一二年公開／製作総指揮・大川隆法〕にて）、あれは、「もう、弟子《でし》は、みんな逃《に》げる」っていうことを意味してるんやろ？

酒井 逃げていません。

長谷川慶太郎守護霊 「弟子は、もう、みんな散り散りになって逃げ去って、先生一人で戦う」という、まさしく悲惨《ひさん》な救世主の予告だな。大川さんに、あと、隠《かく》れた能力がどれだけ残ってるか、知りたいところやなあ。

7　長谷川慶太郎氏の過去世《かこぜ》について

秀吉《ひでよし》に天下を取らせた軍師・黒田官兵衛《くろだかんべえ》

石川　最後に一つ、もし明かすことのできる過去世《かこぜ》がございましたら、教えていただきたいのですが。

長谷川慶太郎守護霊　まあ、軍師だよ。それは当然でしょうなあ。

石川　中国のほうですか。

長谷川慶太郎守護霊　うーん、黒田官兵衛《くろだかんべえ》。秀吉《ひでよし》の天下取りを手伝って……。

酒井　ああ……。

長谷川慶太郎守護霊　（秀吉を）最も恐《おそ》れさせた男でもありますわね。

酒井　そうすると、秀吉の軍師だった黒田官兵衛と竹中半兵衛《たけなかはんべえ》は、もう出てしまっているわけですね（注。竹中半兵衛は、後藤田正晴《ごとうだまさはる》氏の過去世であることが判明している。『カミソリ後藤田、日本の危機管理を叱《しか》る』〔幸福実現党刊〕参照）。

長谷川慶太郎守護霊　うん。だから、もう、（軍師を）やる人がいないよね。「ヘルメス頑張《がんば》れ」っていうことかな？（注。ヘルメスはギリシャ神話の英雄《えいゆう》で、地球の至高神《しこうしん》エル・カンターレの魂《たましい》の分身の一人）

酒井　（笑）（会場笑）

「秀吉《ひでよし》」は、今、地上に生まれているのか

石川　秀吉《ひでよし》様は、今、地上に出ておられるのでしょうか。

長谷川慶太郎守護霊　秀吉？　秀吉さんか。うーん、これはねえ……。いや、わしは宗教の〝あれ〟に手を出してはいかんから、あんまり言っちゃいけないんじゃないかなあ。

わしは宗教評論家でないんだよ。

酒井　宗教の話ではないのではありませんか。

石川　秀吉は、宗教家ではないと思います。

長谷川慶太郎守護霊　まあ、秀吉には、あんまり期待しないほうがいいんじゃないの？　うまいことは、なかなか何回もは起きないよ。「棚《たな》ぼた人生」っていうのは、そんなにないもんだよ。

酒井　まあ、秀吉には、優秀《ゆうしゅう》な軍師が二人もいらっしゃいましたからね。

長谷川慶太郎守護霊　いやあ、ほかにもいるよ。たくさんいるからね。

あんたがたは、「優秀な元中国人が、今、いっぱい日本人に生まれ変わってて、中国が空《から》っぽになってる」って言うんだろう？　本当かどうか、やっぱり実証しないといかん。中国の英雄は、全部、日本に生まれ変わってるんやろう？　それは、「中国は空っぽだ」っていうことだからね（注。当会の過去世リーディング等により、三国志の時代の英雄などが日本に多数生まれ変わっていることが判明している）。

日本から「新しい英雄《えいゆう》」が出てくるだろう

酒井　長谷川先生も中国に生まれていらっしゃったのですか。

長谷川慶太郎守護霊　ええ？　それは知らんけど、まあ、流れから見りゃ、そういうことになるわなあ。

酒井　そうですね。

長谷川慶太郎守護霊　うーん、どっかでは、そうならんといかんけど、まあ……。

酒井　分かりました。

長谷川慶太郎守護霊　今、そんなに言いたくないわなあ。気分的には、そんなに言いたくはないでしょう？

酒井　はい。

長谷川慶太郎守護霊　まあ、かわいそうなのは朝鮮《ちょうせん》半島だ。偉《えら》い人が誰《だれ》もいてくれないもんなあ。かわいそうだよ。

やっぱり、ああいうハングルを使われると、日本人は分からんからさあ、（韓国《かんこく》のなかでは偉い人もいることになっとるんだろうけどね。

今は、偉い人が全部日本に生まれとることになっとるんや。日本語で法が説かれとるし、外国でそれを説ける人が誰もいないもんだから、（偉い人は）全部、日本人に生まれとることになっとる。だから、けっこう立派な仕事をするんじゃないですかね。

誰か、新しい英雄《えいゆう》も出てくるんじゃないですかねえ。

酒井　はい。

「時が来るまで分からない」ということも大事

長谷川慶太郎守護霊　秀吉はねえ……。なんか、ちょっと、今、言おうとしたら、錐《きり》みたいなもので、頭をこう突《つ》かれたんだよ。

酒井　（笑）何か、恐ろしいことが起きたわけですね。

長谷川慶太郎守護霊　いやあ、なんかねえ、やっぱり、ちょっと、「おまえのあれではない」という……。

酒井　「範疇《はんちゅう》ではない」と？

長谷川慶太郎守護霊　うん。「任務ではない」ということで、差し込みが入ってきたからさあ。

酒井　では、家康《いえやす》さんについても同じでしょうね。

長谷川慶太郎守護霊　うーん、なんかねえ、やっぱり、あまり情報を公開しないところ（中国・北朝鮮）と戦ってるから、何でもかんでも情報公開することがいいとは限らない。

酒井　はい。日本の産業機密のようなものですね。

長谷川慶太郎守護霊　うん、そうなの。全部、取られるからねえ。

酒井　はい。

長谷川慶太郎守護霊　（公開すると）警戒《けいかい》されることがあるから、時が来るまで分からないことも大事なんじゃないですか。

酒井　なるほど。

長谷川慶太郎守護霊　向こうにだって、拉致《らち》の専門家が大勢いるんだから、気をつけたほうがいいよ。本当に気をつけないといけない。

酒井　そうですね。

長谷川慶太郎守護霊　うーん。

酒井　分かりました。

それでは、本日はどうもありがとうございました。

長谷川慶太郎守護霊　ああ、はい、はい。

8　「切れ味」が悪かった今回の霊言《れいげん》

直近の話題については言いづらそうだった長谷川氏の守護霊

大川隆法　少しだけタイミングが早かったかもしれませんが、地上の本人のほうも、「情報誌を出すのが間に合わない」と言って困っているでしょう。

それにしても、ちょっと、切れ味が悪かったですね。やはり、この霊言《れいげん》が本になるのは少し先になるので、内容がずれるおそれがあります。

酒井　当たり外れがはっきりしてしまいますので。

大川隆法　だから、それが嫌《いや》で、言いづらいのでしょうね。

石川　ただ、デフレのところは、やはり痛かったようです。

大川隆法　うーん。

酒井　それ以外でも、直近の話題は、やはり結果が出てしまいますから。

大川隆法　遅《おそ》くなると、出せなくなりますからね。でも、「おたくが本業なんだろう」と言って、何だか、少し遠慮《えんりょ》していましたね。

酒井　大川総裁の教えや、さまざまな霊人《れいじん》の言葉などを、多少……。

大川隆法　あちらも勉強しているでしょうね。

酒井　はい。

大川隆法　「本職の予言者と競争するのは、しんどいな」と思っているのでしょう。「未来を変えられるかどうか」が長谷川氏と幸福の科学の違《ちが》い

酒井　やはり、本当に核《かく》になる重要な情報は、実は、幸福の科学のほうに集まっているのかもしれません。

大川隆法　世界は、当会が言っている方向に動いていますが、長谷川さんが言ったようには、必ずしも動いてくれません。彼は、動いているものを分析《ぶんせき》しているだけなのです。

当会が言った方向に、世間《せけん》がついてきて、動き始めているため、彼とは、少し立

場が違《ちが》うのです。

彼は、分析はしているけれども、自分で世界を動かすことはできません。しかし、私のほうは、実際に、私の言っていることに世間がついてきて、動いてくることがあるので、未来が変わるのです。私が何を言うかによって、未来が変わるわけです。

そのため、「大川隆法を通じて霊言を出すことにより、未来を変えるところまでの権限を持ってよいかどうか」というと、やはり、そこまでの権限はないのかもしれません。

酒井　なるほど。

大川隆法　「何か大胆《だいたん》なことを言って、未来を変えることになるといけない」という差し込《こ》みが入ったというか、そういう感じの波動を感じました。

酒井　「そこまでは責任を負えない」ということでしょうか。

大川隆法　というか、「八十五歳《さい》まで頑張《がんば》ってきたのだから、晩節を汚《けが》さずに人生を全うして、あの世に還《かえ》りたい」という気持ちがあるのだろうと思います。

酒井　そうですね。そのような言葉もありました。

大川隆法　「最後に大チョンボをして消え去る」というのは、やはり嫌でしょうね。

酒井　はい。あとに残りますからね。

大川隆法　ですから、当会を少し持ち上げることで、そのへんをやりすごそうとしているのでしょう。

「アベノミクス」の発信源は幸福の科学

大川隆法　北朝鮮《きたちょうせん》情勢については、もし結果が出ればいってもよいのでしょうが、今の感じからすると、それほど大きくは事態が進まないかもしれません。向こうが脅《おど》している間に、明日、アメリカから彼が来るのでしょう？

酒井　はい。ケリー国務長官が来ます（四月十二日に韓国《かんこく》、十三日に中国、十四日に日本を歴訪）。

大川隆法　北朝鮮は、そのあたりで交渉《こうしょう》を持ちかけてくるのを待っているのかもしれません。あと、月曜日（四月十五日）は記念日でしょう？

酒井　はい。金日成《キムイルソン》の誕生日です。

大川隆法　金日成の生誕記念日に当たるのでしょう？　だから、北朝鮮としては、明日、ケリー国務長官が来るのを待ち、様子見をしてからでも構わないわけです。

また、北朝鮮の場合、自宅にテレビを持っている人が少ないため、休みの日だと、ミサイルを撃《う》って、テレビで大々的に発表しても、国民にあまり伝わらないようです。したがって、明日、発射しなければ、月曜日以降ということになるでしょう。

長谷川さんの守護霊は、切れ味が少し悪かったですが、それは、要するに、政界等の流れが、自分の読みとは少し違う動きになってきているからかもしれません。

地上のご本人は、「デフレの流れは、変えることができないのだ」という主張でしたが、アベノミクスではインフレ路線を選んでいて、現実に、デフレを人工的に変えようとしていますし、その大本《おおもと》は当会から発信されているので……。

酒井　そうですね（笑）。

大川隆法　今回は、非常に言いにくかったのでしょう。

酒井　はい。

大川隆法　私は、「日本経済は発展するか、しないか」ではなく、「発展させよ」と言っていますからね。「するか、しないか」を言っているのではなくて、「させよ」と言っているわけです。

長谷川さんの守護霊の考えについては、そんなところです。

韓国《かんこく》が弱音を吐《は》いてくる可能性がある

大川隆法　私の感じとしては、金正恩《キムジョンウン》は、あの性格からして、チンピラ的に暴《あば》れてみせると思いますが、「どの程度で、自分の自我が引っ込むか」というあたりが問題になってくるでしょうね。

韓国《かんこく》あたりは、明日、ケリー国務長官が来て会談をしたら、すぐに弱音を吐《は》いてくるかもしれません。韓国は、今、中国との関係が深くなってきているので、もし、中国から、「自重すれば、今後も付き合ってやるぞ」という感じで言われ、〝袖《そで》の下〟を入れられたりしたら、少し危《あや》ういですね。

日本は、台湾《たいわん》には〝エサ〟をあげたのですが、韓国にはまだ〝エサ〟をあげていません。

もし、韓国に対して「竹島《たけしま》をあげよう」などと言ったら、韓国の態度はコロッと変わるかもしれませんが、それをやったら、安倍《あべ》さんも終わりになるでしょう。

酒井　そうですね。

大川隆法　去年（二〇一二年）からの伏線《ふくせん》があって、日韓関係は実に難しいですね。

アメリカは「北朝鮮《きたちょうせん》」と「中東」を両方計算している？

大川隆法　確かに、小人物的には喧嘩《けんか》をしたかろうと思いますが、かつて、米ソの核戦争なしに冷戦を終わらせたあたりからすると、世界の大勢《たいせい》は、「脅し合いだけで、どちらかが負けるかたちになれば、平和裡《へいわり》に終わる」と見ているのでしょう。

したがって、「北朝鮮《きたちょうせん》の脅しに対して、実際にアメリカがどこまで脅し返すか」というところでしょうね。

人にもよりますが、アメリカ大統領が強い人であれば、空母を全部集めて日本海に浮《う》かべ、攻撃《こうげき》態勢をつくって北朝鮮を囲むでしょうし、そこまでしたら、北朝鮮は何もできなくなるでしょうが、オバマさんは、そこまでするでしょうか。

アメリカは、長距離《きょり》ミサイルの打ち上げ延期まで発表しました。あれは、少し解《げ》せません。「北朝鮮を刺激《しげき》してはいけない」と言って打ち上げを延期するなどというのは……。

酒井　珍《めずら》しいことです。まるで日本のような判断をしています。

大川隆法　日本みたいなんですよ。

また、オバマさんの経済立て直し策も、危機がささやかれていて、「実際は、それほどうまくいかないのではないか」と言われています。

例えば、「今後、アメリカは、シェール革命で儲《もう》かり、バラ色の未来になる」というような情報を一生懸命《いっしょうけんめい》に流していますが、本当かどうか、まだ分かりません。政権維持《いじ》のための宣伝の可能性もあるのです。

二千メートルも三千メートルも地面を掘《ほ》り、さらに横穴を掘って、シェールガスを採取するわけですが、そんなもので本当にボロ儲けができるのかどうかについては、コストをよく分析してみなければ分からないのです。

これには、中東あたりへ圧力をかけるためのプロパガンダである可能性もあります。「おまえたちの石油は要《い》らなくなるから、もう、収入がなくなるぞ」という脅しに見えなくもないのです。

そうすると、イスラエルを囲んでいる勢力が、みな、一斉《いっせい》に弱りますからね。そのへんを計算しているかもしれないので、虚々実々《きょきょじつじつ》であり、まだ本当のことは分かりません。

朝鮮《ちょうせん》有事に「四万人の在韓邦人《ざいかんほうじん》」を救出する方法

石川　韓国《かんこく》には、在韓邦人《ほうじん》が四万人近くいるようです。

大川隆法　四万ですか。

石川　この前、アルジェリアで日本人が亡《な》くなりましたが、朝鮮《ちょうせん》戦争の勃発《ぼっぱつ》に備え、安倍首相には、有事立法をしっかりやっていただきたいと思います。

大川隆法　十人が人質《ひとじち》になっても大変な騒《さわ》ぎでしたから、四万人だったら、さぞ、大変なことになるでしょうね。

石川　はい。沖縄《おきなわ》も、オスプレイへの反対をやめてほしいと思います。

酒井　日本の自衛隊機は、韓国が反対するでしょうから、向こうには着陸できないのではないかと思います。

大川隆法　（苦笑）四万人は運べませんね。

酒井　ええ。

石川　米軍のオスプレイで運んでもらうしか……。

大川隆法　アメリカの空母でも出してくれれば運べますが、北朝鮮に立ち向かわなければいけないから、空母で輸送している暇《ひま》はないでしょう。

石川　はい。ミサイルを撃たれてしまいます。

大川隆法　従来の共和党型の大統領であれば、やはり、先制攻撃をかけると思いますね。

酒井　はい。

大川隆法　これで、オバマさんの運命はどうなるでしょうか。この判断に、支持率が急落するかどうかがかかっているので、今、彼の守護霊も、一生懸命に考えているところだと思います。

酒井　まあ、北朝鮮の「次の一手」によって、大きく考え方が変わってくるかもしれません。

オバマ大統領は「パールハーバー型」を考えているのか

大川隆法　それにしても、北米で幸福の科学が大して広がっていないことが、やはり、問題でしたね。インドのように、もう少し広がらなければいけなかったと思います。影響力《えいきょうりょく》が低すぎます。

酒井　そうですね。

大川隆法　まだ、十分に認知されていないでしょう？

酒井　はい。ただ、「アメリカの世論《よろん》が、この有事をどのように見るか」というところも大きいかもしれません。

大川隆法　しかし、全体に「受け身」ですよね。

酒井　はい。

大川隆法　北朝鮮は、「実験」と称《しょう》して人のいない所に撃つのか、それとも、人のいる所に撃つのか。人のいる所に撃てば「攻撃」になりますが、「実験」にするのか、「攻撃」にするのか。アメリカには、それを受け身で見ているところがあります。

もし、人のいる所に撃ち込んだら、それは、もちろんアメリカにとっては攻撃の材料になるので、オバマさんには、そういう「パールハーバー型」を考えている可能性もあります。国民がガーッと激昂《げっこう》してきたら、アメリカも戦闘《せんとう》態勢に入れるのですが、自分から先に攻撃すると非難が起きたりすることがありますからね。

オバマさんが「撃つなら撃ってみよ」という姿勢を示したときに、金正恩は、本当にアメリカ領土に撃ち込めるでしょうか。「実験」と称して、人がいない所へ撃って威嚇《いかく》するだけだったら、北朝鮮が損をするだけです。ミサイルは、向こうにとって「金の玉」ですからね。

したがって、「どうぞ、実験なら、いくらでもやってください」と言って、放っておく手もあるでしょう。「その代わり、交渉には応じません。何も出しません」という、シラッとした態度を取ることも、一つ、あることはあります。

もし、東京など、人のいる所に撃ち込んだりしたら、さすがにアメリカ人でも「北朝鮮を攻撃しろ！」と言うはずです。

このへんは、「神経戦」と言えば「神経戦」ですし、今は、「どのくらいの人物か」の見せどころではありますね。

酒井　そうですね。

大川隆法　もし、ソウルに撃ち込んだりするようだったら、金正恩は狂《くる》っています。ただ、狂い方は〝一流〟です。

酒井　（笑）

大川隆法　それは、「自国民全員を道連れにする覚悟《かくご》がある」ということですから、相当なものです。もし、本当にソウルに撃ち込んで「火の海」にするのなら、それは、父親（金正日《キムジョンイル》）も、おじいさん（金日成）もできなかったことですから、〝大した〟ものです。

酒井　そうですね。ただ、メリットはかなり少ないような気がします。

安倍《あべ》首相が取るべき態度とは

大川隆法　いずれにせよ、安倍《あべ》さんは、「人命を第一に」などと絶対に言ってはいけないと思いますね。「四万人ぐらい構いませんよ。どうぞ撃ち込んでください。その代わり、おたくの二千万人の国民もいなくなりますが、それでよければ、どうぞ」と言えばよろしいでしょう。

酒井　はい。

大川隆法　「そろそろ、次の核実験をしてみたいころでしょう。どのくらい威力が上がっているか、見たいでしょう。いいですよ。やってください。でも、アメリカは黙《だま》っていないでしょうね」などと言ってみても構わないと思うのです。

酒井　そうですね。

大川隆法　こういう時期に韓国に駐在《ちゅうざい》しているのは、アルジェリア事件のときと同じで、「運が悪かった」ということにはなりますね。

ただ、あまりに人命尊重を言うと、相手の罠《わな》にはまる可能性があると思います。

石川　北朝鮮は、「日本には原子力発電所がある」とか、そういう、いやらしいことを言っているようです。

大川隆法　そうそう。つまり、北朝鮮は、日本の原発を廃止《はいし》させたいし、日本から米軍も撤退《てったい》させたいのです。彼らの脅しには、このへんの狙《ねら》いも入っていると思いますよ。ただ、中国の代弁をしているので、この後ろには、やはり中国が付いているような気がします。

北朝鮮には、「中国が喜ぶようなことを言う限り、生命線がつながるのではないか」と思っている面がありますね。

酒井　はい。それでは……。

大川隆法　では、以上にします。

酒井　ありがとうございました。

あとがき

長谷川慶太郎氏の守護霊にしては、多少、歯切れの悪いところもあるが、現在進行形の緊張状態のなか、結論を出すのはそれなりに難しいのだろう。

私には、なぜか、オバマ大統領が安倍総理を金正恩と同列の戦争屋とみなし、ケリー国務長官が、基本的に米中二国間解決し、朝鮮半島と日本を非核地帯として現状維持的不安定状態のままにしようとしているかに見える。ケリー氏には安倍総理が小渕元総理のような軽いキャラに見えているらしい。

逆に私には、オバマ氏が、ノーベル平和賞の鎖で犬小屋につながれた国内番犬に見える。Ｂ２爆撃機を米本土から朝鮮半島まで飛ばしたなら、北のミサイル施設に

二、三発おみやげを落として帰ったらよかったのだ。グアム島のアメリカ人までが、北朝鮮のミサイル攻撃に備えて食糧の買いだめを始めているのを見て、「こんな情けないアメリカとは……」とあきれている。居直り強盗の説得にはタイム・リミットがある。狂犬は、あと五十年も長生きさせてはならない。

二〇一三年　四月十六日

幸福《こうふく》の科学《かがく》グループ創始者兼総裁《そうししゃけんそうさい》　大川隆法《おおかわりゅうほう》

『長谷川慶太郎の守護霊メッセージ』大川隆法著作関連書籍

『北朝鮮の未来透視に挑戦する』（幸福の科学出版刊）
『日下公人のスピリチュアル・メッセージ』（同右）
『幸福実現党に申し上げる――谷沢永一の霊言――』（幸福実現党刊）
『もしケインズなら日本経済をどうするか』（同右）
『カミソリ後藤田、日本の危機管理を叱る』（同右）

長《は》谷《せ》川《がわ》慶《けい》太《た》郎《ろう》の守《しゅ》護《ご》霊《れい》メッセージ

――緊迫する北朝鮮情勢を読む――

2013年4月20日　初版第1刷

著　者　　大《おお》　川《かわ》　隆《りゅう》　法《ほう》

発行所　　幸福の科学出版株式会社

〒107-0052 東京都港区赤坂2丁目10番14号
TEL(03)5573-7700
http://www.irhpress.co.jp/

印刷・製本　株式会社 堀内印刷所

落丁・乱丁本はおとりかえいたします

ISBN978-4-86395-326-0 C0030
Photo: 読売新聞/アフロ KCNA/Xinhua/Landov/アフロ

大川隆法霊言シリーズ・中国・北朝鮮の野望を見抜く

北朝鮮の未来透視に挑戦する
エドガー・ケイシー リーディング

「第2次朝鮮戦争」勃発か!? 核保有国となった北朝鮮と、その挑発に乗った韓国が激突。地獄に堕ちた"建国の父"金日成の霊言も同時収録。

1,400円

中国と習近平に未来はあるか
反日デモの謎を解く

「反日デモ」も、「反原発・沖縄基地問題」も中国が仕組んだ日本占領への布石だった。緊迫する日中関係の未来を習近平氏守護霊に問う。

【幸福実現党刊】

1,400円

周恩来の予言
新中華帝国の隠れたる神

北朝鮮のミサイル問題の背後には、中国の思惑があった！ 現代中国を霊界から指導する周恩来が語った、戦慄の世界覇権戦略とは!?

1,400円

大川隆法霊言シリーズ・世界の指導者の霊言

サッチャーのスピリチュアル・メッセージ

死後19時間での奇跡のインタビュー

フォークランド紛争、英国病、景気回復……。勇気を持って数々の難問を解決し、イギリスを繁栄に導いたサッチャー元首相が、日本にアドバイス！

1,300円

バラク・オバマのスピリチュアル・メッセージ

再選大統領は世界に平和をもたらすか

弱者救済と軍事費削減、富裕層への増税……。再選翌日のオバマ大統領守護霊インタビューを緊急刊行！日本の国防危機が明らかになる。

【幸福実現党刊】

1,400円

安倍新総理スピリチュアル・インタビュー

復活総理の勇気と覚悟を問う

自民党政権に、日本を守り抜く覚悟はあるか⁉　衆院選翌日、マスコミや国民がもっとも知りたい新総理の本心を問う、安倍氏守護霊インタビュー。

【幸福実現党刊】

1,400円

※表示価格は本体価格（税別）です。

幸福の科学グループのご案内

宗教、教育、政治、出版などの活動を通じて、地球的ユートピアの実現を目指しています。

宗教法人　幸福の科学

一九八六年に立宗。一九九一年に宗教法人格を取得。信仰の対象は、地球系霊団の最高大霊、主エル・カンターレ。世界百カ国以上の国々に信者を持ち、全人類救済という尊い使命のもと、信者は、「愛」と「悟り」と「ユートピア建設」の教えの実践、伝道に励んでいます。

（二〇一三年四月現在）

愛

幸福の科学の「愛」とは、与える愛です。これは、仏教の慈悲《じひ》や布施《ふせ》の精神と同じことです。信者は、仏法真理をお伝えすることを通して、多くの方に幸福な人生を送っていただくための活動に励んでいます。

悟り

「悟り」とは、自らが仏の子であることを知るということです。教学《きょうがく》や精神統一によって心を磨き、智慧《ちえ》を得て悩みを解決すると共に、天使・菩薩《ぼさつ》の境地を目指し、より多くの人を救える力を身につけていきます。

ユートピア建設

私たち人間は、地上に理想世界を建設するという尊い使命を持って生まれてきています。社会の悪を押しとどめ、善を推し進めるために、信者はさまざまな活動に積極的に参加しています。

国内外の世界で貧困や災害、心の病で苦しんでいる人々に対しては、現地メンバーや支援団体と連携して、物心両面にわたり、あらゆる手段で手を差し伸べています。

年間約3万人の自殺者を減らすため、全国各地で街頭キャンペーンを展開しています。

公式サイト　www.withyou-hs.net

ヘレン・ケラーを理想として活動する、ハンディキャップを持つ方とボランティアの会です。視聴覚障害者、肢体不自由な方々に仏法真理を学んでいただくための、さまざまなサポートをしています。

公式サイト　www.helen-hs.net

INFORMATION

お近くの精舎・支部・拠点など、お問い合わせは、こちらまで！

幸福の科学サービスセンター

TEL. 03-5793-1727（受付時間 火～金：10～20時／土・日：10～18時）

宗教法人 幸福の科学 公式サイト　happy-science.jp

教育

学校法人 幸福の科学学園

学校法人 幸福の科学学園は、幸福の科学の教育理念のもとにつくられた教育機関です。人間にとって最も大切な宗教教育の導入を通じて精神性を高めながら、ユートピア建設に貢献する人材輩出を目指しています。

幸福の科学学園

中学校・高等学校(那須本校)

2010年4月開校・栃木県那須郡(男女共学・全寮制)

TEL **0287-75-7777**

公式サイト **happy-science.ac.jp**

関西中学校・高等学校(関西校)

2013年4月開校・滋賀県大津市(男女共学・寮及び通学)

TEL **077-573-7774**

公式サイト **kansai.happy-science.ac.jp**

幸福の科学大学(仮称・設置認可申請予定)

2015年開学予定

TEL **03-6277-7248**(幸福の科学 大学準備室)

公式サイト **university.happy-science.jp**

仏法真理塾「サクセスNo.1」

小・中・高校生が、信仰教育を基礎にしながら、「勉強も『心の修行』」と考えて学んでいます。

TEL **03-5750-0747**(東京本校)

不登校児支援スクール「ネバー・マインド」

心の面からのアプローチを重視して、不登校の子供たちを支援しています。

また、障害児支援の**「ユー・アー・エンゼル!」**運動も行っています。

TEL **03-5750-1741**

エンゼルプランV

幼少時からの心の教育を大切にして、信仰をベースにした幼児教育を行っています。

TEL **03-5750-0757**

NPO 活動支援

いじめから子供を守ろう!ネットワーク

学校からのいじめ追放を目指し、さまざまな社会提言をしています。また、各地でのシンポジウムや学校への啓発ポスター掲示等に取り組むNPO「いじめから子供を守ろう!ネットワーク」を支援しています。

公式サイト **mamoro.org**

相談窓口 **TEL.03-5719-2170**

ブログ **mamoro.blog86.fc2.com**

政治

幸福実現党

内《ない》憂《ゆう》外《がい》患《かん》の国難に立ち向かうべく、二〇〇九年五月に幸福実現党を立党しました。創立者である大川隆法党総裁の精神的指導のもと、宗教だけでは解決できない問題に取り組み、幸福を具体化するための力になっています。

党員の機関紙
「幸福実現NEWS」

TEL 03-6441-0754
公式サイト hr-party.jp

出版 メディア 事業

幸福の科学出版

大川隆法総裁の仏法真理の書を中心に、ビジネス、自己啓発、小説など、さまざまなジャンルの書籍・雑誌を出版しています。他にも、映画事業、文学・学術発展のための振興事業、テレビ・ラジオ番組の提供など、幸福の科学文化を広げる事業を行っています。

TEL 03-5573-7700
公式サイト irhpress.co.jp

入会のご案内

あなたも、幸福の科学に集い、
ほんとうの幸福を
見つけてみませんか？

幸福の科学では、大川隆法総裁が説く仏法真理をもとに、
「どうすれば幸福になれるのか、また、
他の人を幸福にできるのか」を学び、実践しています。

入会

大川隆法総裁の教えを信じ、学ぼうとする方なら、どなたでも入会できます。入会された方には、『入会版「正心法語」』が授与されます。（入会の奉納は1,000円目安です）

ネットでも**入会**できます。詳しくは、下記URLへ。
happy-science.jp/joinus

三帰《さんき》誓願《せいがん》

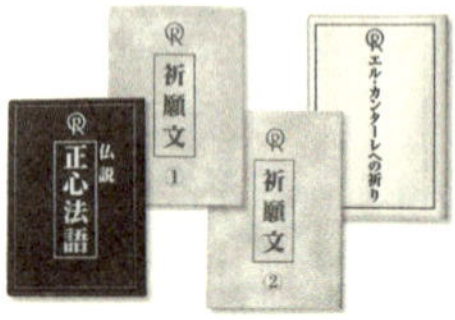

仏弟子としてさらに信仰を深めたい方は、仏・法・僧の三宝への帰依を誓う「三帰誓願式」を受けることができます。三帰誓願者には、『仏説・正心法語』『祈願文①』『祈願文②』『エル・カンターレへの祈り』が授与されます。

植福《しょくふく》の会

植福は、ユートピア建設のために、自分の富を差し出す尊い布施の行為です。布施の機会として、毎月1口1,000円からお申込みいただける、「植福の会」がございます。

「植福の会」に参加された方のうちご希望の方には、幸福の科学の小冊子（毎月1回）をお送りいたします。詳しくは、下記の電話番号までお問い合わせください。

月刊「幸福の科学」

ザ・伝道

ヤング・ブッダ

ヘルメス・エンゼルズ

INFORMATION
幸福の科学サービスセンター
TEL. 03-5793-1727（受付時間 火～金：10～20時／土・日：10～18時）
宗教法人 幸福の科学 公式サイト **happy-science.jp**